和孩子 엄마의 말이 아이의 미래를 결정한다
一起做梦

只有妈妈懂得做梦，才能为孩子开启未来。

我与曾是落后生的孩子一起梦想着有一天能实现成为"世界级投资家"的梦，这是积极的期待，也是我心怀的坚定信念。

妈妈的话，决定孩子的未来

　　从乾垧小时候起一直到今天，我从没有间断过与他的对话。

　　在乾垧有了自己的梦想，并开始确定了感兴趣的领域后，我总是找到值得一读的书籍，自己先行读过后，剪下有用的内容供他阅读或讲给他听。

梦的开始……

　　　　刚进小学的时候，乾塄还不
识韩文。在学校里，学习成绩总是落于
人后，而且一直到小学生活结束的时候还因为遗
尿症，每天尿湿被子。不过我还是为他种下了要成为"世
界级投资家"的梦想。

　　为了让他知道必须学好英语的原因，我要告诉他世界有多么的辽阔，所以送他去加拿大。

　　通过旅行，他可以学习欧洲文化和历史，因此我送他去了英国和法国，然后是澳大利亚、泰国等地。当然对乾塝来说，对他影响最大的还是美国布赖斯峡谷（Bryce Canyon）。因为，他在大自然中所收获的感动，让梦想更为美妙。

　　拉格比学校属英国三大名校之一。在那里乾埙当过柔道部的副组长，还学习了击剑和骑马。一到暑假，乾埙还在达克斯（Daks）的卖场里打工。

　　乾埙以优异的成绩取得了英国最高学府——伦敦大学的经济学学士学位。

在 UBS 面试的那天，我曾算好了时间，点上蜡烛整晚为他祈祷。在经历过逾百次面试失败后，乾坝终于成功进入 UBS 实习，向成为"最幸福的富有者"的道路上前进了坚实的一步。

乾坝的另一个梦想——奔赴埃塞俄比亚

妈妈的手工作品

"蝴蝶天使"——希望我能带给更多的人"梦想和希望"

"鸡爸爸和小鸡宝宝"——父亲的教育作用也很重要

"乾埙之树"——希望乾埙成为有着深深根基的苍天大树

纸黏土——成功的乾塽

　　我将对孩子的期望和梦想放进小小的纸黏土中，而这些祈祷和爱让他努力"成为喜欢读书的乾塽"、"成为精英乾塽"、"成为成功的乾塽"。

　　我这希望的能量就这样永无止境地向着光明的未来发射出去。

　　假如真的想给孩子传承好的事物，那就和孩子一起做梦吧。执着于梦想之中，不管遇到多少困难和艰辛，都时刻保持着积极的想法和一颗平常心，就一定会实现梦想。如果还具备了努力、耐心和毅力，你就会发现这个世界上没什么事是不可能的。

和孩子一起做梦

〔韩〕朴东柱 著

卡 伊 译

重庆出版集团 重庆出版社

版贸核渝字 (2010) 第169号

图书在版编目(CIP)数据

和孩子一起做梦 / 〔韩〕朴东柱著；卡伊译 . —重庆：重庆出版社，2011.1
书名原文：엄마의 말이 아이의 미래를 결정한다

ISBN 978-7-229-03143-5

Ⅰ.①和… Ⅱ.①朴… ②卡… Ⅲ.①家庭教育 Ⅳ.① G78

中国版本图书馆 CIP 数据核字 (2010) 第 220212 号

和孩子一起做梦
HE HAIZI YIQI ZUOMENG

〔韩〕朴东柱　著
　　卡　伊　译

出 版 人：罗小卫
策　　划：中资海派·重庆出版集团科技出版中心
执行策划：黄　河　桂　林
责任编辑：温远才　朱小玉
版式设计：张　英
封面设计：肖　杰　黄充擎

重庆出版集团
重庆出版社　出版

（重庆长江二路 205 号）

深圳市大公印刷有限公司制版　　印刷
重庆出版集团图书发行有限公司　　发行
邮购电话：023-68809452
E-MAIL: fxchu@cqph.com
全国新华书店经销

开本：880mm×1250mm　1/32　印张：6.75　字数：156 千
2011 年 1 月第 1 版　2011 年 1 月第 1 次印刷
定价：25.00 元

如有印装质量问题，请致电：023-68706683

一张明信片，梦一个世界

很感谢《和孩子一起做梦》能有机会和亲爱的中国读者见面。有句话说"父母培养子女的心都是一样的"。我希望通过这本书将我的这一心情传达出来，并带给大家更大的希望。

我只有一个儿子。他上小学的时候不识字，学习也经常处于下游。夜晚更是因为夜尿症，常常尿湿了被褥，但我仍为这样的孩子埋下了成为"世界级投资家"的梦想种子。现在他带着自己做了许久的梦，在香港的某投资银行实现着自己的梦想。我也作为商人、作家及顾问在多种领域中进行着工作。

虽然这一切都只是刚刚开始，但是我相信那些被认为不可能实现的事情也可以去梦想。不管多么辛苦，不管遇到什么困难，带着热情、不言放弃并竭尽全力，任何梦想都可能成真。而且再落后的孩子也有自己的特别之处，找出他们的特别之处并给予肯定，他们就一定能展翅飞翔。

正是那些鼓励的话语，让那些落后于人的孩子或者伤透了人心的孩子树立了自信，获得积极向上的力量，发生了惊人的转变。

1

在很久以前，我曾收到过一张明信片，从那时开始我借着它梦想拥有一个广阔的大世界。

结婚前，我曾在首尔的一家外资企业工作。那时我的上司经常到国外出差。这位上司每次出国，都会给职员们邮寄漂亮的明信片。有一天，上司从奥地利维也纳给我寄来了一张明信片，上面写着："我记得朴小姐好像喜欢音乐，所以我选了这张明信片。在约翰·斯特劳斯墓地的所在地，就连乐谱上的音符也好像在街上飘荡，这是个跳动着音乐的美丽的城市。我希望有一天朴小姐一定来这个地方看一看……"

这张明信片为我打造了一个走向世界的大大的梦想。从那些往来于世界各国的商人身上，我了解了世界的广阔。只要闭上眼睛，我甚至可以看到维也纳那美丽的街道，想象着自己已经置身于那个地方。但是当时的年代并不能自由地进行海外旅行，而我也没有条件去旅行。在日复一日的工作生活中，我从各种经济报刊了解了当时大大小小的所谓"投资"的金融问题，又从上司那儿学习了"生活的泛世界化"将如何拓展自己的人生。

所以，当时我就有了一个梦想——"结婚生子后，我要将孩子送到欧洲的名校学习，让他成为一名投资专家"。因为这样，我就可以去欧洲看望孩子了。当然这只是句梦话罢了。

结婚后，我就想实现这被珍藏了很久的梦想。但从现实角度来看，实现它仍有许许多多的问题。虽然在梦想许久后，我终于将孩子送去了欧洲留学。但紧接着由于金融危机的出现带来的汇率上涨和其他困难让我们经过了一个长长的"阴暗隧道"。但不管怎么说梦想不能放弃，就算连 1% 的可能性也没有，我也要尽最大的努力。此外，在教育孩子的过程中，我又有了一个新的梦想——在韩国出版教育图书。周围的人们都说，"就凭一个平凡的妈妈，想出书根本就不可能"。可我仍然向这一梦想发出了挑战。几年间，我挑灯夜战进行写作，并将稿件投递给众多出版社，虽然当时都原封不动地退了回来。假若我曾有一丝"不可能"的想法，想必今天这本书也不可能和中国的读者见面了。

生活中，总有一些事是你无法预料的。胸怀梦想和实现梦想同样如此。积极向上的话语和思想将带给你意想不到的结果，日常使用的话语亦是如此。

我曾用纸黏土做过孩子的模型。因为孩子小时候"多读书有益"，我做过纸黏土的"读书的乾垍"；等他稍微长大了一些，我又做了纸黏土"精英乾垍"；孩子大学毕业前，夜夜熬夜埋头学习，我做了纸黏土"成功的乾垍"，并且以孩子梦想的香港建筑为背景。之后，乾垍在英国完成了学业，经过了各家投资公司的历练，5年后终于来到了香港的 RBC 投资银行。当他到达香港的住所时，看到对面的大建筑正是这个纸黏土中的背景建筑，而旁边那个建筑正是乾垍工作的地方。我曾经就是这样将孩子的渴望融入到纸黏土中，这也成了我为孩子所做的另一种祈祷。

假如真的想给孩子留下些有价值的东西，你就应该和孩子一起怀抱梦想。在实现梦想的过程中，不管遇到多大的困难，你也要保持积极和乐观，在日常生活不说气馁的话，坚持努力。除此之外，如果你还具备了努力、耐心和毅力，那么这世界上就没有不能实现的事情。

我现在仍然有梦。这个梦想就是深入了解那些世界上最贫困的人的生活，并出版书籍让世界也了解他们。像我这样一个平凡的妈妈能实现一个个梦想，并不是因为我有多幸运，而是"敢于做梦，并在期待梦想成真的同时，尽全力将不可能变成现实"。我希望本书能给众多读者带来力量，勇敢做梦并实现梦想。

朴东柱　敬上

朴东柱妈妈的"笨鸟先飞"教育法

　　儿子小学时的成绩始终徘徊在末位，因为遗尿症一直到 6 年级都会尿床，在其他人看来，他是晚熟的"笨孩子"。但是妈妈并没有过分的担心和责备，反而一边让孩子尽情地玩耍，一边帮助他树立起自信。

　　高中学历、结婚后做了 25 年平凡主妇的朴东柱女士，面对这样的孩子，她是怎么做的呢？

　　若是普通的妈妈，想必会忙着为解决儿子的问题而到处求医问诊。但是朴女士却选择了和普通妈妈完全不同的道路。她所希望的，只是儿子能成长为"手持幸运的人"。所以为了让儿子有自己的梦想，为了帮助他实现梦想，朴女士努力从自己开始，用爱和信任不断地给孩子传达着"话语的祝福"。

　　"我相信好运并不是天生就具备的，而是通过人的决心、努力、坚持和积极提高自身修养而获得的。秉持着'我可以做到'的信念的人肯定可以克服所有的恐惧。所以我通过话语的鼓励，努力帮助儿子积极地思考和行动。"

让"笨鸟先飞，飞得更高"的秘诀

宽容温暖的拥抱 了解自己被父母肯定、被父母爱着的孩子将具有很强的自信，从这时开始，孩子的心境仿佛一下子明朗开阔。

带上有信念的教养哲学 在认真观察自己孩子的习惯和资质之后，最重要的就是找到适合孩子的教育方法。

帮助孩子心怀梦想 只有那些心怀梦想并为了实现梦想而不断地付出努力的人们才能遇到幸运降临，所以父母应该帮助孩子找到未来的具体梦想。

保持对孩子的信任 当孩子有了自己的梦想，就该帮助孩子将梦想具体化，同时还要对孩子百分之百信任，告诉他"你可以做到"！

妈妈是孩子学习的辅助者 孩子决定了自己的梦想后，可以利用图书或报纸等资料帮孩子将梦想具体化。

信心是最重要的 "爸爸妈妈完全信任我"——具有这种自信心的孩子会成长为不断进步的孩子。

妈妈是传达鼓励的传道士 不管与多小的孩子对话，都该全心身地投入其中。请牢记：妈妈的一句话可能扭转孩子的人生。

带着目标去旅行 旅行不仅能培养孩子的自立能力、忍耐力和挑战精神，而且还会使孩子看到梦想的实现越来越近。

让孩子自己学会判断 就算不太可靠，也要肯定孩子自己的决定，并给予鼓励。当然也要让他们了解自己作出的决定应该由自己负责。

人们都说："一棵树是否茂盛，从发新芽时就可以预见。"于是，我们往往也会这么想：从小就比别人聪明的孩子，长大后往往会很成功。

但是现在的每一个孩子都很聪明，似乎每一个孩子长大后都能成为大人物。对他们来说，识字自然不在话下，英语、钢琴、美术、自然科学乃至体育也都样样精通，可以说个个堪称天才和神童。

我们周围就有很多这样聪明的孩子，相比之下，我的乾埌显得尤其笨拙，更不用说有什么过人之处了。刚上小学时他还不识字，上五六年级了晚上还会尿床，至于成绩单上更是看不见"优"、"良"之类的评语。

但是正是这样一个孩子，在他 15 岁时，我让他独自去英国留学。依靠自己的实力，他从英国三大著名高中之一的拉格比高中顺利毕业，并以优异的成绩取得了英国最高学府——伦敦大学的经济学学士学位。现在，乾埌进入美国 BGC 金融公司，成为了一名金融投资家，常常往返于英国和亚洲各国。认识他的人，无不惊讶于他的变化。

现在一定还有不少像乾埌一样的孩子，从小就生活在其他优秀孩子的阴影下，成绩不好，做任何事情都显得笨拙。也许他们的妈妈正在自责，为什么我的孩子不如别人？我哪里做得不够？

我写这本书，就是希望把我的真实故事告诉给每一位妈妈，特别是那些进步缓慢的孩子的妈妈，让她们看到我是如何在现实生活中印证"事在人为"、"后来居上"的道理。

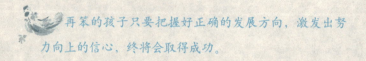
再笨的孩子只要把握好正确的发展方向，激发出努力向上的信心，终将会取得成功。

在乾堉很小的时候，我从不强迫他学习，一直鼓励他健康地玩耍，有时甚至会陪同他一起玩乐。对于我的教育方式，身边很多人感到不解。他们经常会问我："乾堉妈妈，你不担心你家孩子的学习吗？怎么总是带他出去玩？"

我怎么会不想让自己的儿子出人头地呢？但是在我看来，对于幼儿园到小学一二年级的孩子来说，健康地玩耍才是最重要的，会玩的孩子也能长成参天大树。

孩子长大成人的过程，不是短距离的冲刺竞赛，而是一场考验耐力的马拉松。要想成功地到达终点，你就要学会在整个比赛过程中调节、分配力量。如果在起跑时用力过猛，孩子可能会中途累倒，或者在随后的比赛中，因为没有力气而渐渐丧失自信，落于人后。

由此可见，在成长过程中，孩子有他们必须要经历的事情。

我看到现在的孩子们，每天要往返于各式各样的补习班，错过了许多本该属于他们的东西。比如说尽情嬉戏玩耍，集中精力读书，与父母敞开心扉探讨人生，独自寻找梦想，发现学习的乐趣，培养自主学习的能力……如果在相应时期内，孩子错过了理应接收的东西，以后可能就要花上更多的时间来填补这块空白。

此外，相信很多父母也知道揠苗助长的后果。在教育乾埙时，我尽量让他不错过成长所需经历的任何东西。在我看来，这决定着孩子在人生这场马拉松比赛中的成败。但是众所周知，在当前的教育体制下选择这样一条路绝非易事。作为一个非教育者和一位平凡的母亲，我之所以义无反顾选择这条道路，是因为我对儿子未来的发展方向有清晰的认识。

一路走来，让我觉得最重要的和最欣慰的事情，是我教会了孩子认识自己的梦想并勇敢地去实现它。虽然我不是佛教信徒，但却很推崇"啐啄"这一佛家用语。鸡蛋孵化，雏鸡欲出时以嘴吮卵壳声，谓之"啐"；母鸡为助其出而同时啄壳，称为"啄"。就是说，一个生命体的诞生不能单靠一方的努力，而要靠母子二人里外协力，而且用力点不能有错位。

佛家以"啐啄同时"比喻机缘相投或两相吻合，常用来形容师傅与弟子之间的关系，但我认为母子间的关系亦是如此。这一用语告诉我们，母子二人要怀有一致的梦想，然后齐心协力去努力，才能成功。

同时，"啐啄"的故事也提醒我，要培养孩子学习和生活的自主能力。与其强迫他学习，倒不如帮助他找到学习的动力。在小鸡出壳前，鸡妈妈首先要觉察到小鸡破壳而出的欲望，才能给予它帮助。而这时鸡妈妈啄壳的嘴上，凝聚了全部的希望和努力。

让孩子自己感知学习的重要性，对学习产生兴趣且自主地向着目标努力，比起强迫他完成一道数学题、背诵一篇英语短文要难得多，但同时也重要得多。

在培养孩子的过程中，我所给予他的最大帮助，正是和他一起分析未来，帮助他发现自己的梦想所在。一个努力地追求梦想的孩子，尽管比别人要笨拙迟缓，但最后还是会取得成功。

我觉得，最晚在 15 ～ 20 岁的时候，孩子们就要确立自己人生目标，然后切实地朝着那个方向努力。在这个至关重要的过程中，可以给予他最大帮助的莫过于妈妈。因为只有妈妈最了解孩子擅长什么、喜欢什么，真正需要的又是什么。

虽然我只是一位平凡的家庭主妇，但在孩子的教育问题上，我比谁都充满自信。乾垌刚上小学时，我就告诉他：你将来一定会成为一名世界著名的金融投资家。从那时到现在，我无数次陪他畅想未来，有时只是开玩笑，有时则是认真地讨论。在孩子建立梦想并为之努力的过程中，我一直陪在他身边，直到他前往英国留学。

对于我而言，和孩子一起成长的这个过程不仅意义非凡，而且乐趣无穷。相信全天下的父母，都会尽可能地给予子女最好的东西，也都会为子女的发展尽心竭力。但对于什么样的孩子才是最优秀的孩子这一话题，每个家长却有不一样的答案。

对于我来说，成绩优异的孩子远不如知道把握梦想、实现梦想的孩子优秀。乾垌从名校毕业到进入知名企业，这些都只是实现梦想过程中水到渠成的结果而已。

我经常为那些一心急于提高成绩，而忘记自己梦想的孩子们感到惋惜。而有的孩子即便怀有梦想，却迫于成绩单的压力，使梦想搁浅。

对于大部分的孩子而言，即使眼前成绩不甚理想，但一旦他们认识到了自己"为什么而学习"，就会很快摆脱成绩的困扰，与其让孩子每天辗转于各个补习班，不如同他们坦诚地探讨理想。在这点上，妈妈能比那些所谓的专家对孩子产生更大的影响。至于学习上的计划，暂时搁置一下也为时不晚。

从这一角度上说，妈妈可谓是孩子的"梦想建筑师"。想让孩子认识到实现梦想并没有想象中那么难，只需孩子问"你的理想是什么"，而不是像从前那样天天跟孩子说"快去学习"。

　　如果真想给孩子最好的东西，那么就和孩子一起做梦吧！然后，跟孩子一起探讨为了使梦想成真还需要哪些努力。我一直坚信，这是对孩子最好的教育方式。

　　希望本书能带给那些为把孩子培养成参天大树而呕心沥血的妈妈们，特别是那些叹息自己孩子不如他人的妈妈们一些希望和帮助。

目　录

第1章
变化从妈妈开始

　　我认为，如果父母自己安于现状，就没有资格要求孩子去努力做事。因为父母是孩子身边最真实的榜样。时刻反思我们的人生，就是对孩子最好的教育，这样父母便会不自主地自我约束，再大的困难也不会轻言放弃。

妈妈的
梦想开启
孩子的
未来

　　不得不承认，直到孩子上幼儿园，我还是一个很无知的妈妈。对于如何抚养、教育孩子，我都一窍不通。

　　孩子出生后，我患了产后忧郁症，跟婆家的关系也很僵。身心俱疲的我，根本无暇顾及其他。孩子病了，我就带他去医院开药、打针，但却不知道怎样才能让他保持健康的身体，如何对他进行早期教育更是连想都没想过。正因如此，直到上小学，乾埫晚上还会尿床，知识积累仅限于书写自己的名字。

　　凡是了解乾埫过去的朋友们，今天再看到阳光健康的他时，无一不会感到惊讶。

　　"这个帅小子就是当年那个尿床鬼？""当年咱们这小区出了名的小笨蛋，居然去英国读了名牌大学，还进了世界知名的投资公司工作？"大家都无法掩饰心中的种种疑问。

　　的确，从前的乾埫和现在的乾埫已大相径庭，难怪大家会发出这样的疑问。但是作为一直伴随在他身边的妈妈，我可以很肯定地说乾埫能够发生这样的变化，绝不是什么奇迹，也没有得到什么高人的指点。只要大家不固守僵化的教育观念，并有计划、有规律地作出相应的努力，就可能使孩子甚至妈妈拥有崭新的未来。

为了让孩子迈出走向成功的第一步，我选择以他的梦想作为出发点。一直以来，我都和他一起做梦，教他怎样付出努力，帮他将梦想转化为现实。

梦想是人生的蓝图，也是遭遇困难与挫折时为我们照亮前进方向的灯塔。我希望我的儿子拥有高远的理想，并在实现理想的过程中享受其中的快乐。

做梦不需要花费很多精力和时间。从前我刚进外资企业工作的时候，每天看着进出于公司的企业高层们，总会感觉自己不过是一只井底之蛙。从那时起，我就下决心，一定要让自己的人生变得精彩。即便结婚后，这个想法也没有改变过。当时我想，以后我的孩子决不能局限于这个小小的地方，一定要让他走出国门，去接受世界化的教育，成为对全世界都有用的人才。

> 梦想是人生的蓝图，也是遭遇困难与挫折时为我们
> 照亮前进方向的灯塔。

"以后你会走遍整个世界的。"

"你要去一个遥远的国家留学，试着和外国的孩子们一起学习、生活。"

"现在学习不好没关系，只要你一直尽自己的全力，为梦想而奋斗就够了。"

这些话，一有空我就说给儿子听。每当这时，乾埙都会睁大眼睛，很认真地听。因为我很喜欢经济学方面的东西，所以经常会给他讲

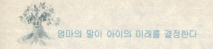

述一些经济学方面的故事或者经济领域内成功人士的自传。

如果当时有人听到我们母子俩的对话，不知他会作何感想？也许会对这个成绩不好、几乎一无是处的小孩的远大理想嗤之以鼻吧。但是作为他的母亲，我坚信儿子一定会实现他的梦想，并使他自信拥有实现梦想的能力。

在孩子小的时候就教会他找到人生理想，比教会他一道算术题、背诵一篇英语课文要重要得多。乾塽小学时在班里成绩是倒数的，但自从他升上中学，养成了自主学习的习惯后，成绩便突飞猛进，一直保持在全班一二名。与此同时，他对英语也产生了浓厚的兴趣。

在欧洲留学、遭遇亚洲金融危机时，乾塽能稳住心态，并以优异的成绩完成学业，这一切都归功于他心中坚定不移的理想。

因为有梦想的人，从不轻言放弃。

因而，我一直骄傲地宣称，"梦想"是我送给他最好的礼物。从乾塽上小学四年级时起，只要有人问他将来的理想是什么，他就会不假思索地说"投资家"。在连什么是投资家都不清楚的情况下，他就已经将其作为自己人生坚定不移的目标了。而从那时起，他一直为了这个远大的理想努力。

当乾塽上了中学，进一步向理想进军的时候，我就开始考虑如何更好地帮助他。我开始更认真地搜集相关的新闻、报纸、书籍等，并将有价值的信息记录在册。为了回答孩子的种种问题，我不断地搜集各种相关的资料。也正因如此，我跟乾塽一直都保持着通畅的交流。

这样坚持了一段时间后，我发现通过和孩子一起谈话、看书，我已经深入到他的内心世界，成为他生活中最重要的朋友。这最让我欣慰，内心充满了那些没有经历过的人无法体会的快乐。

在我看来，养成自主学习的习惯远比填鸭式教育有效得多。很多家长跟我一样，都希望孩子能主动学习，但是怎么样才能让孩子主动去学习呢？我以孩子的"理想"作为切入点。

前提是，父母必须尊重孩子的意见和实际能力，不能把自己的愿望强加给他们，更不能强迫孩子做能力范围之外的事情。为了达成最好的效果，两代人需要不断进行交流。孩子喜欢什么、擅长什么，哪些信息是对孩子成长有帮助的……我们要协助孩子作出正确的判断，不强迫孩子，也不茫然期待，而是脚踏实地地迈出坚定而有力的步伐。

我一直坚信，只要孩子拥有坚定的梦想，即便资质稍逊，你也无须太过担心。无论是乾埙还是我们周围的孩子，都验证了这一点。

朝着理想迈开第一步后，你要学会将目光放长远，不要只局限于眼前。我想嘱咐那些年轻的母亲们，孩子们的人生需要你们来导航，这是作为一个母亲最首要的义务。

　　要教育出优秀的孩子，前提条件是父母本身是优秀的。孩子的
很多变化都是在父母引导下完成的，与其采取强制手段教育他们，
不如让他们随着父母的变化而自觉地变化。

　　作为妈妈，我对乾埈有许多期望。有的可以用言语表达，有的
只能用心去沟通。因为有些期望一旦说出来，可能就会增加孩子的
心理负担，反而不利于其发展。所以在他成长的过程中，你可以采
取潜移默化的方法，只要让他明白妈妈的用心就好。

　　其实，比起说教，孩子可以在妈妈的人生中学到更多的东西。
我也是从自己的母亲身上，学到了生活的重要法则。

　　我的母亲是一位考虑别人远胜于自己的人。平时上街，她只记
得给家人添置东西。有空闲的话，她会去搜集一些边角布料，拿回
来做布包或者衬衫。她会把那些漂亮的布包送给邻居和亲戚，那些
夏天穿起来很凉快的衬衫呢，就送给邻居家生活困难的老奶奶们。
她的这些做法一直影响着我。

　　直到现在，我都无从确定母亲是否教过我乐于助人、与人分享

的道理，但是她一有空就给周围的穷邻难友做那些连她自己也不熟悉的针线活的模样，却深深地镌刻在我的脑海里。

当时，母亲比其他人都更看重对子女的教育。但即便如此，我学习不好时，她也没有给我施加压力，而是尽自己所能将我培养得更优秀。我现在做的，也许不及母亲当年的十分之一。

面对晚熟的乾垿，我并不心急，反倒很从容地把他抚养长大，这点便是从母亲身上学到的。我希望乾垿可以成为那个最终实现自己梦想的幸运儿，更希望他可以从奋斗中找到快乐和意义。值得庆幸的是，乾垿喜欢享受每个拓宽视野、丰富阅历的过程，并乐此不疲。

我认为，如果父母自己安于现状，就没有资格要求孩子去努力做事，因为父母才是孩子身边最真实的榜样。时刻反思我们的人生，就是对孩子最好的教育，这样父母也会不自主地自我约束，再大的困难也不会轻言放弃。

如果作为妈妈，我草率地对待自己的人生，却要求乾垿有大作为，那么结果会是怎样呢？想必我们母子间会有不少矛盾和冲突。

虽然在为目标奋斗的过程中，我们母子俩会遭遇很多困难，但我还是竭尽全力做好自己。因为我知道我对乾垿的影响是无形的，我努力，他也一定会成功。

让他看到我也在不断学习新的知识

在我看来，父母认真学习、热衷于某一爱好，能给孩子带来胜于陪他一起玩耍的影响。当孩子看到父母孜孜不倦地埋头学习时，就会产生这样的想法："噢，原来学习也可以是一件有意思的事情。"

我希望乾垿喜欢挑战新事物，并能从中得到快乐，因为这对他

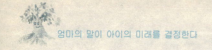

的成长与发展具有非比寻常的意义。关于这点，我可以用自己的亲身经历来证明。

生下乾埼后，我身体一直不好，在床上休养了很长一段时间。后来病情稍有好转时，我生平第一次有了学练钢琴的念头。因为如此一来，我不仅可以活动活动僵硬的身体，而且可以提升自己的音乐素养。尽管没有一点基础，但我却下定决心要学会几首爵士钢琴曲，弹给丈夫和孩子听。

可是说来容易做来难，因为手指太过僵硬，几乎不听使唤，我只能一遍遍、不厌其烦地练习，因此经常练到手腕发酸。这样刻苦练习了一段时间后，一天楼下的一位邻居找到我，问我要一张我的照片。因为平时跟他们家不大来往，所以对于她的要求，我很是惊讶。

"您为什么要我的照片呢？是不是我做错了什么事？"

"不是，我只是想珍藏。"

"啊？"

听完她的回答，我更是丈二和尚摸不着头脑了。

这时，邻居道出了缘由："您不是每天都在家里练琴吗？琴声经常会影响我休息。刚开始时，我想忍忍就过去了。可是一天、两天过去了，您还是没有停下来的意思，那时我不知道有多烦。"

"真是对不起。都怪我没有考虑到邻居的感受……"

"不，我不是因为这个才来找您的。几个月后，我已经渐渐改变了想法。"

"怎么说呢？"

"我想您真是有毅力，一旦下定决心，还非得做到不可。您的年纪也不小了，却还要学钢琴。这本来不是一件容易的事，可是您却能坚持努力，真叫人敬佩。如果换成是我，肯定是做不到，真该向您学习。所以我冒昧地跟您要一张照片，以后想起这段故事就看看照片，作为对自己的激励。"

听完我赶紧走进屋里，找了张最漂亮的照片送给她。

直到现在，我还很感激她不抱怨我练钢琴的噪音，并且还忍耐了那么久。从那之后，我觉得自己更有理由坚持练习钢琴了。当然，为了不影响到邻居，我把琴声调到最小，而且尽量在白天练习。那段时间，我全然不顾手指和身体的抗议，坚持学完了拜尔和车尔尼钢琴基本课程，并开始学习爵士乐曲。

那时乾塤还很小，只能在一旁看着我练琴。现在他学习爵士乐，没花多长时间就弹得很好。我想，这和他小时候受的熏陶是分不开的。

我还喜欢画画，并且画得不错，初中时在各种比赛中拿了不少奖项，也曾想过报考美术学院。可是由于父亲的强烈反对，我不得不放弃理想，却始终没有放弃作画。虽然只是业余水平，但独自在家有空时，我就会研究各种画风，也经常动手画上两笔。现在，我们家挂着几幅我自己画的油画和水彩画。更欣慰的是，乾塤在外头不管看到什么画，都觉得不如我的画好看，并以我为骄傲。

想到会给孩子带来潜移默化的影响，我更热衷于保持自己的兴趣爱好。为孩子所做的一切都有意义，而首要的是我们有效教育他们，"言传身教"则是最能影响他们的一种方式。

如果希望孩子们尽全力去做某件事，或者希望他们热爱学习新知识、勇敢挑战新事物，那我们当妈妈的就首先要做到这些。我们可以重拾年轻时的梦想，也可以选择一直喜欢或者擅长的东西，比如开车、外语、钢琴、花式溜冰等。只要孩子们看到我们乐在其中，他们就会明白，妈妈就是最好的榜样。

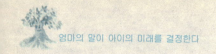

远离电视机

"孩子不爱念书，就知道成天看电视，我快被气死了。"

大多数家庭都会为孩子看电视的问题头疼不已。其实，电视节目是非常有趣的，如果你希望孩子仅凭自制力就能抵御电视的诱惑，恐怕有些不切实际。

如果你希望孩子们把看电视的时间都用来看书，那么首先父母要远离电视机。父母以身作则，绝对要比成天在孩子耳边唠叨有效得多。

我们常常能看见这样的场景，做爸爸的自己横躺在沙发里，用手上的遥控器来回换台，嘴里却对孩子吼道："快去念书！""看看你的破成绩！"我认为这是最糟糕的教育方式。电视并不是利于孩子学习的媒介，但是家长们拿自己都做不到的事去强求孩子，只会助长孩子的反叛心理，削弱他们的学习热情。

还有一些家长，白天当着孩子的面不看电视，但到了晚上孩子睡觉以后，又轻手轻脚地走到客厅，打开电视，自己独自享受，并认为"只要不让孩子看到就好"。这种做法虽然比起前者要好一点，但仍旧是有问题的。

我认为，与其强迫孩子戒掉看电视的习惯，不如让孩子感受到父母的真心实意；与其强迫孩子用看电视的时间来学习，不如教会他们享受学习中的乐趣，做到寓教于乐。

有不少的家长认为看电视一无是处，于是强迫孩子远离电视机，因此每天陷入与孩子的战争中。然而，强迫孩子反而会引起负面的作用。

如果在家里不能看电视，孩子们就会跑到朋友家、邻居家去看。

再小的孩子，也不会百分之百听话。特别是现在的学生，比起电视，他们更沉溺于计算机游戏。在我周围，不少父母抱怨孩子中了计算机游戏的毒，完全不能自拔。于是，他们撤走家里的计算机，但这并不等于就帮孩子戒掉了游戏瘾。出了家门，满街的网吧照样在等着他们。

在这种情况下，我们不得不承认，唠叨丝毫不起作用。你需要做的是，把他们带入一个新的活动领域，让他们在汲取知识养分的同时，也能感受到在游戏中的那种快乐。

乾塬上小学的时候，特别喜欢看动画片。每当他看电视时，我也会坐在一边陪他一起看。什么《巴巴爸爸》《圣斗士星矢》，我也很爱看。看过之后，我们还会一起讨论当天播出的哪个场面最有趣，一起推测下一集的内容……

但是我自己从来不看电视。准确地说，我是太忙而没有时间去看电视。练习钢琴、看书、做家务，还有其他的爱好，让我一天 24 小时都快不够用了，根本没时间去看电视。我丈夫也一样不看电视。

> 你需要做的是，把他们带入一个新的活动领域，让他们在汲取知识养分的同时，也能感受到在游戏中的那种快乐。

这里要强调一点，在看电视这个问题上，爸爸的作用至关重要。很多家庭在集体戒掉电视后，忍不住又重新看起来，大多是因为爸爸。

至于乾塬的爸爸，本来就不大喜欢看电视，再加上他平时要准备升职考试和学习外语，常常一回家就翻开书本学习，所以基本上也没有看电视的时间。我从没对乾塬说过"别看电视了"、"关了电

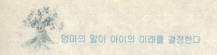

视去念书"之类的话,但是他长大后自动远离了电视机。我和他爸爸不看电视,是影响他的主要原因。

如果你认为电视是影响孩子学习的罪魁祸首,希望孩子把看电视的时间用来学习,那么请从现在开始,从自身做起,远离电视,相信孩子会随着你的变化而改变。

让孩子明白妈妈对每件事尽了全力

有些孩子小时候明明很优秀,可长大后却逐渐归于平凡;而有些不起眼的孩子,长大后却变得聪明和优秀。为什么会有这样的差异呢?人活着都要经历困难的洗礼,但是有些人以失败告终,有些人却转败为胜。两者的区别何在呢?

记得在一次采访中,一位在演艺圈打拼许久、最终选择隐退的艺人说过:"在我的演艺生涯中,努力多于幸运,也多于不幸。"

人与人的差距,很大部分取决于是否具有全力坚持到底的毅力。这个道理仅凭嘴说似乎并不具说服力,不过一旦身边有了成功的例子,你就会体会到其中的真谛。我坚信,只要乾埙任何时候任何情况下都不言放弃,为自己的选择全力以赴,他就一定会成功。

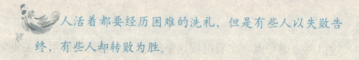
人活着都要经历困难的洗礼,但是有些人以失败告终,有些人却转败为胜。

在 IMF 危机下,乾埙坚强地挺了过来。我相信以后无论遇到什么样的困难,他都能够勇敢战胜。因为在他身上,我看到了一种积极的生活态度。

也正因为如此，我计划写一本关于乾埙的书。起初，几乎没有人把我的话当真，也许他们都在想：书是随便一个人就能写的吗？

虽然我以前读过不少书，但最多也只是写过几封信而已。尽管创作过程很辛苦，但是我坚持了下来。慢慢地，我竟然写满了数百张稿纸。格式、错字、语法构成……每一项我都认真审核好几遍，有时会连续一周每天熬夜去写。

在创作过程中，丈夫和儿子给予了我莫大的支持。圣诞节时，乾埙还特地从国外跑回来与我们团聚。可为了这本书，我甚至没有为他好好地做一顿饭。但是乾埙不仅没有埋怨我，还一直给我打气，为我榨果汁、做意大利面。更让我欣慰的是，他还非常高兴能够守在我身边看我写书。

"我特别喜欢看妈妈写书的样子。"

"可是妈妈都不能按时给你做饭，没关系吗？"

"我喜欢看到妈妈勇敢地尝试做一件全新的事情，并且始终如一、不言放弃的样子，真是帅极了。"

从儿子口中说出的这话，真的给了我很大的鼓励。其实，我们母子俩一直都是这样互相鼓励着。在回英国准备就业的那段日子里，每当遇到困难时，儿子就会想起我写书的那股干劲。英国投资公司的入职考试竞争十分激烈，乾埙虽然表现得很积极，但还是经历了无数次落选。

他说收到拒绝信的那一刻，很沮丧也很懊恼，甚至连自信都要丢掉了。但一想到为了一篇文章，妈妈熬到深夜也要翻来覆去地修改上十几遍，自己的这些困难也就不算什么了。

原本我对这些一无所知，后来听乾埙讲时，我甚至比得知他获得一等奖学金还要高兴，还要骄傲。

我是
儿子的
教育专家

不久前，我收到了一位年轻妈妈的邮件，内容如下：

　　您好，我是两个孩子的妈妈，大儿子两岁八个月，小女儿八个月。一开始我以为抚养孩子是一件很简单的事，所以打算等小女儿上了幼儿园，就开始工作。

　　和其他很多妈妈一样，在婚前我有令人羡慕的工作。那时我就想，以后就算生了孩子，也一定要活得潇洒，绝不能像其他家庭主妇那样整天过着油盐酱醋生活。但是，现实却不是我能左右的。

　　照顾孩子根本没那么简单，送他们上幼儿园的费用，也是一笔不小的开支……

　　有一次在书店，我禁不住店员的劝说，买了一本教育子女方面的书。读过后有种如梦初醒的感觉：似乎所有的家长都在费尽心力地要把子女培育成材，唯独我一个人对此无动于衷。想想自己的愚钝，我恨不得扇自己一个耳光。于是，我找来各种相关的书进行阅读，前前后后读了大概30多本。最近，我正在读一本名为《智慧的爱》（Smart Love）的书。这些书都强调孩子年龄越小，接受新事物越快，所以教育要趁早，从小就要给他们灌输各方面的知识。

意识到这点后，我就很后悔当孩子处于黄金年龄的时候，我这个做妈的不去想着多教他些什么，而是一味地想着怎么赚钱。于是我立马下定决心，照书上说的，将精力转移到孩子身上。

"原来大多数孩子从两岁半起就开始认字，我的孩子晚了两个月唉……""居然有孩子刚认字就开始学英语……"那段时间，我心里全是这样的感慨。

但是不知从什么时候起，越是看这些育儿的书，听取其他妈妈的经验，接触更多的理论知识，我就越不知所措。事实上，孩子并不按照我要求的去做。丈夫也只知道溺爱他们，一点都不配合我。这些都让我感到头疼。

直到现在，对于如何培养孩子，我依然没有明确的方向。怎样才能让我的孩子成为人中龙凤？作为一位年轻母亲，我心中充满了许多的困惑，请帮帮我！

读这封信时，我能体会到这位年轻母亲内心的迷茫，也明白与我培养乾埙的时代相比，现在的社会已经发生了太大的变化，无论是教学条件还是社会环境。教育理论层出不穷，作为母亲需要了解的知识越来越多，而孩子们在相应的年龄段要做的事情也越来越多。

社会的变化一方面是好事，因为母亲们互相交流的机会增多了，

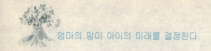

信息的流通也更加快捷。可另一方面，它也令人担心，因为母亲和孩子身上的负担都日渐加重。此外，孩子过早地接触到各方面的事物，难免会产生负面的影响。所有母亲都希望自己的孩子可以成为人上人，然而她们也都必然要经历一个无知的过程。

我亦是如此。刚生下乾埙的时候，我只知道全心全意地溺爱他，至于该怎么教育他，我一无所知。有段时间，也曾因为不知道到底该为他做些什么，我深感自责。但没过多久，就有位朋友跟我说："你的孩子，你自己最了解。做得再不好的妈妈，也比其他人更适合照顾自己的孩子。"

是啊！再愚钝的妈妈听到自己的宝宝啼哭，也会马上判断出他是饿了，还是尿布湿了。孩子喜欢什么，擅长什么，想做什么，什么时候最辛苦……最清楚这些的，莫过于他的妈妈了。

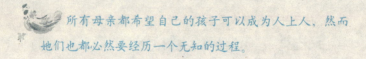
所有母亲都希望自己的孩子可以成为人上人，然而她们也都必然要经历一个无知的过程。

对于我的孩子来说，我就是为他而生的专家。

要做到这一点，母亲们一方面必须形成敏锐的洞察力，善于发现最适合孩子的教育方式和相应教材，另一方面还要学会随着周围教育环境的变化作出相应的调整。也就是说，每一位母亲都有自己独特的教育模式，如果盲目地选择别人认为是好的东西，最后不仅仅会害了孩子，也会害了自己。

在铺天盖地的信息面前，不管专家们说什么，教育界流行什么，我们做母亲的都应拥有"只有我才是孩子的教育专家"的这种自信，冷静地观察和分析孩子的每一次变化，在与他们交谈的过程中寻找适合他们的教育方法。如果在你周围，有一些你认为优秀的母亲，你可以去问问她们是怎样培养孩子的，你会发现每个人的答案都会有所不同。

有的母亲压根不送孩子去补习班，凡事亲身施教；有的母亲让孩子尽可能多读书，给孩子灌输各种知识；有的母亲在适当的时期，会为孩子选择优秀的辅导教师；有的母亲则从小就让孩子养成自主学习的习惯；有的母亲让孩子体验多种经历，激发他们的好奇心……

每个母亲所处环境和拥有的价值观都不一样，因而她们的答案也会有所不同。但她们都会有一个共同特点：为了孩子的成长，她们都有着无比坚定和虔诚的信念。

抚养孩子不是一场短距离的比赛，而是一场需要足够耐力的马拉松长跑。作为父母，不要因为孩子崭露头角而沾沾自喜，也不要因为他们一时的不争气而灰心丧气。尽全力去帮助他们，让他们在成长的道路上时刻有人陪伴左右，这才是比教育专家更专业的母亲们最该为孩子做的事。

首先
要给孩子
健康的
体魄

　　从乾埙很小的时候起，我就以自己的方式去培养他。因此经常会有一些朋友问我："你怎么会一开始，就选择一种与众不同的教育方式呢？和其他人走不一样的路，你不会觉得心里很不踏实吗？"

　　其实，我并非一开始就选择了这种独特的教育方式。我希望自己能将乾埙培养成才，但我既不懂教育学，又没有培养孩子的经验，只能一步一步摸索，选择自己认为最合适的方法。如果说其中有值得一提的地方的话，那就是我放远眼光，纵观孩子的未来，在走每一步之前，都考虑到下一步该怎么走。

　　然而，在教育孩子这条路上，我并不是一帆风顺的。生下乾埙后，我身体一直不好。因此，我比任何一位年轻母亲都要糟糕，完全没有好好尽到做母亲的责任。

　　乾埙一岁的时候，我曾经因为身体虚弱而晕倒被送进医院。出院后，因为婆婆要举办一场隆重的活动，我忙里忙外，结果身体不堪负荷，再一次晕倒。当精神有些好转，可以坐起身时，弟弟来看我。他一进门就皱着眉头对我说："姐姐，你还真厉害，这都是什么啊？"

"怎么了？"

"乾埫的大便、尿尿弄了一地，你没看见吗？"

"啊？"

那段时间，我都没有觉察到我的视力已急剧下降。本来我的视力就不好，大白天找东西也要靠手来回摸索，但我不知道竟然严重到这般地步。突然间，我陷入了深深的恐惧中：自己会不会一辈子生活在黑暗无边的世界里？

当时，刚学会说话的乾埫玩腻了，总会跑来我身边，边用稚嫩的小手扒我的眼皮边说："妈妈，睁开眼睛！快睁开眼睛啊！"那时只要一想到年幼的儿子，我就止不住眼泪肆虐，哭了一次又一次。身心俱疲的我，甚至去看过精神科医生。对着那位医生，我把小时候的梦想、眼前的婚姻生活、抚养乾埫的艰难等，一一地说了出来。

听完我的倾诉，医生这样说："别太担心，你要明白病由心生。随着孩子逐渐成长，你心中那份母爱也会日益强大，从而帮助你战胜一切困难，所以不要给自己任何压力。"

那位善良的医生没有收取任何费用，还嘱咐我用这些钱去买些好吃的，犒劳一下长期辛苦的自己。对此，我深受感动。奇怪的是，从那以后，我心中的疙瘩渐渐解开了，而视力也有了一定程度的回升。

我曾经读过这样一段话："有一次，突然发生了地震，震坏了电路，家里黑漆漆一片。周围陷入了混乱，只有我镇定地找到手电筒，帮助家人安全避难。虽然我是个瞎子，但心灵的眼睛却让我看得很清楚，甚至比正常人看得更清楚。"

这些话好像一线曙光照进了深渊，给彷徨的我带来了无限希望。我知道自己不能再坐以待毙，而应该找回我丢失的健康。

我认为健康的饮食和规律的作息，可以让一个家庭充满活力。

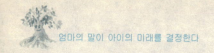

虽然现在我还要戴隐形眼镜，但至少我可以读书和开车。在经受了病痛的折磨之后，我更加意识到健康的重要性。

上幼儿园时，乾垿是个小药罐子，三天两头地感冒，因而体魄亟须强健。以前只要他一流鼻涕，我就带他去医院开药、打针，但后来我会尽量让他自然恢复，以增强抵抗力。

平常，我尽可能让乾垿多吃些天然健康的食品，多进行一些户外活动，多接触新鲜的空气。就这样，我以"健康第一"的观念抚养着乾垿。等到上小学时，乾垿看起来已经比大多数孩子都壮实了。

健康的饮食和规律的作息，可以让一个家庭充满活力。

记得乾垿幼儿园毕业时，同学们举办一场小型联欢会。在一场短剧里，乾垿扮演兴夫（韩国传统寓言故事里的人物）。他一登台，我就听到台下家长们都在窃笑。

"哪有这么胖的兴夫啊！"

"是啊，应该让他演别的角色嘛！"

听到这些话，我才意识到不知不觉中，乾垿已由羸弱的小不点转变成为健康的胖小子了。因为天天守在他身边，我才没有察觉如此明显的变化。

现在想想，真是庆幸当年我能够理智地把孩子的健康放在第一位。很多小时候很出众的孩子，长大后会明显地感到精力不足，其中大部分原因要归结于健康问题。

有了好身体，孩子学习自然有精神，做起其他事情来自然也会很积极。在英国留学时，乾垿身体状况也丝毫不逊色于他那些西方同学。即便刚到英国时，因为恶补英语，乾埙每天都熬夜到很晚，但他最终还是挺过来了，这完全归功于他有一副好身板。

总之，无论是别人的故事还是自己的经历，它们无一不让我深深地体会到人们的性格和办事效率（尤其是学习能力）很大程度上受身体状况的影响。

与其等到上了年纪后吃各种补药和营养品，不如小时候多吃一口饭、多做些运动，尽情玩耍，为身体的健康打下坚实的基础。做妈妈 5 年后，我才明白这个道理。现在想想，我不得不承认当初自己有多不称职。然而，也正因为犯过这样的错误，我才更深切地意识到健康有多重要，妈妈这个角色的分量有多沉重。我很庆幸，乾埙在我的陪伴下健康成长。

妈妈们应尽量减少不必要的聚会

　　现在的妈妈们真是忙得不可开交，姑且不说上班的妈妈，就是像我一样的全职主妇白天也基本不会待在家里。

　　每逢乾埗去乡下玩或者出国旅行时，我就安静享受独自在家的时光。孩子在家时，我和其他妈妈一样将大量的时间消耗在孩子身上。如果孩子不在家，我就做一些自己想做的事，比如画画、读一些先前没时间读的书、整理积压了很久的东西……这些时候，我感觉到自己是轻松愉快的。

　　有一次乾埗去旅游，我难得清闲，便一个人在家里作画。忽然门铃响了，我打开门一看，原来是一位图书推销员。她有些疲倦地对我说：白天家家都没人，常常忙了一天也没见到几个人影。"最近妈妈们怎么都那么忙，家家都没人在，我的书也推销不出去。你家是我今天敲开的第一扇门。"

　　那么专职妈妈们都在忙些什么呢？直到乾埗上了小学，我才解开谜团。

　　事实上，韩国所有家庭主妇都很忙，做家务、照顾孩子、运动、参加娱乐活动、理财……如果说还有一件事让这些妈妈们忙上加忙的话，那就是母亲聚会了。似乎所有的妈妈们，都会把这类聚会放在生活的首位。

乾埍上小学的 6 年里，我经常参加这些聚会。记得乾埍刚入学没几天，我便接到一位妈妈的电话。

"乾埍妈妈，这周的母亲聚会你会参加吧？"

"嗯……我还在考虑。"

"你不是只有乾埍一个孩子吗？不加入我们，以后你可是会后悔的哦！"

"为什么？"

"你参加过一次就会明白了。记得一定要来哦！"

就这样，我糊里糊涂地加入了这个协会，还一下子成了负责人。协会主要目的是，在学校举办郊游、运动会或是教师节之类的节日时，为老师和学校提供一些力所能及的帮助。除了特殊情况，聚会大概一个月一次，内容是大家聚在一起吃吃饭、谈谈心、交流交流感情。

因为孩子刚入学，一些一年级孩子的家长们渴望求教的东西很多，这样的聚会能为他们提供一些信息以及互帮互助的机会。

乾埍上二年级时，我们这些老会员们也成了协会的中心成员，无奈只能继续参加各种活动，就这样一直持续了 6 年。

而在平时，妈妈们主要的交流内容是孩子们在学校的情况或是有关补习班的信息。

"某某补习班有很多知名老师，不少成绩好的孩子都在那儿上课。"

"听说某某补习班是最好的。"

"某某和某某组建了一个课外学习小组，从那之后成绩突飞猛进，

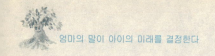

我们的孩子也组建这样一个学习小组吧。"

在聚会中，家长们经常可以得到很多有关孩子课外辅导的信息。当然，由于经常参加聚会，不经意间我也被灌输了很多相关信息。但是真正的问题在于，随着孩子学年的增长，聚会也一年年增加。

乾埙是在庆尚道读国中的，当地有很多类似的协会。当时我极力控制参与协会的数量，一直只参加一个协会。可有好几个子女的妈妈，就会同时参加一年级聚会、二年级聚会……

有的妈妈甚至一周7天都安排这样的聚会，这样聚会也就失去了原有意义。本来聚会是为了更好地教育孩子，最后却转变成为聚会，这才是最重要的。我清楚地认识到，在孩子小学毕业之前，我应该果断地远离这种聚会。但是直到乾埙上了国中，我还接到过一个邀我入会的电话。

"乾埙妈妈，难道你不清楚现阶段比小学更为关键吗？现在开始，他们要学会调整心态，也要全力以赴准备升学考试。所以，他们需要我们提供更多的帮助。加入母亲协会，不管是交流信息，还是为孩子的未来作准备，你都能得到很多便利。再说，乾埙是独生子，你不会忙到抽不出这点时间吧？"

从内心说，我实在是不愿再继续加入这种协会。因为入会后需要处理的事情很繁杂，可当接到这位妈妈的电话时，我再次动摇了。我觉得很有必要顺应现实，虽然极不情愿，但我还是坚持待在协会，参加各种活动。

然而，可能会对不起曾经一起参加聚会的朋友，但现在回过头去想一想，我还是要说那些聚会真的没有多大意义。

既然是母亲协会，妈妈们就应该围绕学校和教育这一话题，提出一些有建设性的意见，或者一起好好研究如何了解孩子所需和解决烦心事。总之，协会的氛围应当健康向上，可当时我们并没有做到这一点。大家都只关注眼前的事，这次又给老师送了多少礼、谁上了哪个补习班、孩子考试成绩怎样等。

我曾经乐于在聚会中帮大家分担苦恼，为大家讲述自己的教育方法。我与会员们不仅建立了感情，而且得到了不少帮助和安慰。但是随着聚会的增加，活动的内容渐渐流于形式，活动的本质也被扭曲，许多妈妈也卷入了彼此间的竞争。

如果协会里真的有值得长期交流的人，你也千万不要忘记自己入会的初衷和追求的价值。因为加入这类协会，太多妈妈只是为了在互相攀比中寻找满足感。

因此当生活中，这种以孩子为媒介的聚会超过了一个小时，你就可能需要重新考虑一下："这个聚会对我和孩子是否真的有帮助？我加入这个协会后，受到别人言论的影响，情绪是不是反而不稳定，这会不会给孩子施加更大的压力……"如果真的存在此类负面影响，那么请你推掉聚会，多留些时间陪陪孩子吧。

爸爸们
该做的事

乾埙去英国读书后，丈夫养成了一个令人感动的习惯——每天睡觉前，他必到乾埙的卧室走上一圈，然后把乾埙小时候最喜欢的洋娃娃平放在被窝里。

一想到丈夫每天像照顾儿子睡觉一样照顾洋娃娃，我就会很感动地笑出声来，可是转念一想，又觉得心里有些不是滋味。自发现这个秘密之后，每天早上把丈夫放倒的娃娃再放回原位就成了我一天的开始，不知道乾埙是否知道爸爸对他的这种感情呢？

乾埙爸爸是典型的传统男人，明明很爱家人，却从不轻易表现出来。他对儿子说话的口气永远都那么严肃，批评也永远多于称赞。只要乾埙换了发型或是穿有些出格的衣服，他都会毫无疑问地不满。

"做学生怎么把头发弄成那样？"

"你非得把衣服穿成那样不可？就不能让别人看起来干净点？"

听到爸爸的这些话，乾埙的心情肯定好不了，经常一副嘴里想说些什么却又忍住的表情。我在一旁看着也觉得难过，不明白丈夫对儿子的那份感情为什么要这样深沉于心底？对儿子说句"我爱你"

之类的话，就那么为难吗？

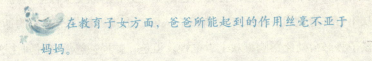

在教育子女方面，爸爸所能起到的作用丝毫不亚于
妈妈。

可能大部分男人跟乾埙爸爸相似，不善言谈，给人感觉生硬、冷淡，于是总是和孩子产生误会。但是要孩子理解爸爸，原本就是件很遥远的事情。当乾埙长大成人、步入社会以后，他渐渐理解了爸爸。而在此之前，他们父子俩的确有过不少矛盾。

虽然现在，有些年轻的爸爸会很尽心陪孩子玩耍和谈心。可大多数爸爸即便有这份心，也因为忙于工作赚钱，连在家吃顿饭的时间都挤不出来，更谈不上陪孩子。因此，抚养孩子的任务自然就全部落到了妈妈身上。

其实如果在快速成长时期，孩子无法跟爸爸一起度过，那是一件非常遗憾的事情。因为不管男孩还是女孩，一旦升上高中，他们就更难同爸爸交流了。

但是在教育子女方面，爸爸所能起到的作用丝毫不亚于妈妈。时间不多、育儿知识匮乏，这些都无关紧要。重要的是，作为爸爸，你对孩子是否尽了全力。

在乾埙小时候，每晚睡觉前丈夫都会读书给他听，而不是唱催眠曲。对此，我很感谢丈夫。那时，不管多晚回家，不管有多劳累，丈夫每天都会读书给乾埙听。乾埙也会很乖地听他读童话故事，眼睛连眨都不眨一下。也许就是从那时起，乾埙开始喜欢读书。就这点来说，丈夫功不可没。

此外，丈夫还经常让乾埙看到自己也在学习。在大型企业工作

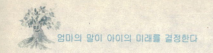

了很久的丈夫，养成了很好的学习习惯。因为经常要备考升职考试、学习英文和中文等外语以提升自己的竞争力，所以丈夫回家后几乎从不打开电视机。如果不管有没有人看，电视机都经常开着的话，孩子势必会受此影响喜欢上看电视。但是，乾塌爸爸没有时间让这种现象发生。

不论学习是否有成效，最起码丈夫让孩子看到了做家长的学习态度，这就是对孩子最好的教育了。人们常说："只有糟糕的父母，没有糟糕的孩子。"我很相信这句话。有时间，我偶尔会去参加一些社会服务。在活动中，我经常会看到很多青少年，其中不乏因受处分而接受劳动惩罚的孩子。

如果在街上见到他们，你可能会觉得他们的穿着、发型流里流气。但是跟他们一起劳动时，你就会觉得这些孩子们可爱而又善良。而当想到这些可爱的孩子就是那些犯下错误而接受惩罚的人时，我又怎能不感到心痛？

如果当初有人敞开心扉多和他们交流的话，那么他们还会犯下现在的错误吗？而最该和他们交流的人，当然莫过于他们的父母。

只有糟糕的父母，没有糟糕的孩子。

一旦孩子在外面犯了错或是成绩有所下降时，有些爸爸就会把所有责任都推到孩子的妈妈身上。

"整天在家却连个孩子都管不好，你都在做什么？"

"你的心思都放哪去了，还知不知道要管管孩子？看看他现在的成绩！"

我想对这样的爸爸说："你的生活态度是对孩子很好的教育，而不是你们口中的责骂。"

　　我相信只要父母自己对生活态度端正，那么即便没有令人信服的说教，没有充分的教育理论，他们的孩子一样会优秀成长。从另一个角度来讲，把育儿的责任全推到妈妈一个人身上，本身就是一件不公平的事情。教育孩子需要父母齐心协力，只让一方担负全部责任肯定是行不通的。

　　如果在教育孩子上，爸爸适当提供一些帮助，那么他将为孩子们增添不少信心。我呼吁所有的爸爸们，从现在开始，为了孩子的成长贡献自己的智慧和力量吧！

第 2 章

教孩子学会孕育自己的梦想

拥有过人的天赋固然重要，但更重要的是拥有梦想。拥有梦想，孩子的潜能才能发挥得淋漓尽致。

就算孩子再优秀，如果他的才能得不到发挥，也将毫无意义。只要心中有梦想，开发潜能就不是一件难事。

记得
给孩子
积极的
暗示

一所小学曾经作过这样一个试验。

　　一天，有位老师把两盆花带进教室，对孩子说："孩子们，这里有两盆一模一样的花，让我们把它们一起放到窗台上。记住，要照顾它们，得为它们提供同样的水分和光照。但是右边的这盆花呢，我们给它取个好听的名字，每天浇水的时候说赞美的话给它听。而左边的这盆，我们给它取个难听的名字，而且谁都可以经常取笑它，责骂它。过一段时间呢，我们再观察两盆花各有什么变化。"

可能大多数人都能猜到答案，右边的那盆花健康生长，开出了美丽的花朵；而左边的那盆呢，则看起来毫无生气。

而在这个实验中，赞美无疑是花儿健康生长的养料。另外，我们还可以从海豚听到人类的赞美就会跳舞中得知赞美的力量。有鉴于此，老师们可以反观其教育方式。一盆微小的植物尚且如此，更何况是孩子敏感的心？

教育学中有"期待效应"这一术语。所谓"期待效应"，即人们会不自觉地接受自己喜欢、钦佩、信任和崇拜的人的影响和暗示。医学中有"安慰剂效应"这一术语。所谓"安慰剂效应"，即在病人不知情的情况下让其服用完全没有药效的假药，并使其相信药物有效，病患症状真的得到舒缓的现象。

我认识一位神父，他就一直利用医学中的"安慰剂效应"帮助患者与病魔作斗争。

即便是同一种药，由这位神父亲自递到患者手上，要比医生和护士拿给他们药效明显好得多。这位神父并没有什么特殊的方法，只是每次给患者递药时都会这样说："这是一种非常珍贵的药，是一位美国朋友费了好大的劲儿给我邮寄过来的。我平时收藏着，急需时才拿出来用。因为它很珍贵，我一次只能给你这么多。吃了这药，你的病就会很快好起来。"奇怪的是，吃了这些药的患者们大多恢复得很快。

在教育乾埙时，我经常应用这种方法，的确起到了不小的作用。

越是年幼的孩子，越是单纯。而此时，积极的暗示往往能发挥很好的效用。随着孩子年龄的增长，当他们懂得社会评判一个人优劣的标准，并以这些标准来衡量自己时，往往会产生一些自卑心理。这时，妈妈的角色就很重要。我们要给孩子积极的暗示，让他们明白自己也很优秀，从而找回丢失的自信。

乾埙小时候并不出众，甚至可以说是个笨拙的孩子。小学 6 年级还尿床，识字也比其他孩子晚，成绩表上"可"字居多（那时他们的成绩分为"优、好、较好、良、可"5 个等级）。

别人总是纳闷：你为什么不好好治治孩子，但我知道责骂并不

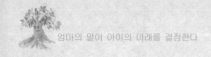

能促进一个晚熟孩子的发展。相反，我经常鼓励他，称赞他，让他明白自己并不比别人差。比如乾垾尿床时，我会这样说："睡得越好的孩子越聪明，乾垾睡得这么踏实，长大后肯定比别人都聪明。"

他不学习，光顾着看漫画书和动画片时，我会这么说："妈妈跟乾垾一起看好不好？妈妈小时候也整天泡在漫画书里，但是到了该念书的时候就知道要念书了。"乾垾换发型的时候，我说："也好，各种发型都尝试一遍，才会明白哪种最适合自己嘛。"

相反，如果我这样说他："长这么大还尿床，你太不像话了！""看看你那烂成绩，有什么资格看漫画书！"

"你那叫什么发型！像外面的小混混似的，没个当学生的样！"

结果会怎样呢？他会不会觉得自己就只是一个会尿床、念不好书的小混混呢？

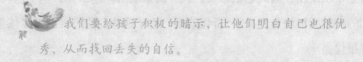

我们要给孩子积极的暗示，让他们明白自己也很优秀，从而找回丢失的自信。

成功人士一般懂得给自己积极的心理暗示。如果探究他们的教育背景，他们的母亲也都在这方面影响重大。丹麦著名童话家安徒生的母亲就是最好的典范。

小时候，安徒生就很喜欢创作。11岁时，他写了一个故事。他把它读给很多人听，可是没人对他的故事感兴趣。最后他找了一位大婶，可那位大婶因为手头有很多事，就冷言冷语地说："我有一堆事情要做，哪有时间听你念那破故事！"

听了这话，小安徒生实在是忍不住伤心地哭了出来。目睹了整个过程后，母亲把小安徒生带到一个花圃里，指着怒放的鲜花说："来，看看它们，漂亮吧？"

然后她又指着一朵细小的、只有两片嫩叶的花说："这朵怎么样？别看它现在不起眼，但马上它就会开出很漂亮的花来。你就像这朵小花一样，虽然现在别人注意不到你，但不远的将来你会令每个人都刮目相看。所以现在不是你失望的时候，相反你要更加努力，知道吗？"

很多年后，安徒生成为了举世闻名的童话大师，他仍旧念念不忘那天母亲所说的话。虽然家境贫穷，母亲也不识字，但作为他的第一个支持者，母亲给了他无尽的勇气和自信。

乾埙上小学时，成绩一直不好，但我从不因此而焦虑。相反，我因担心他失去信心，一直努力帮助他建立自信，而没有急于督促他念书。

"学习呢，只要努力就一定能取得好成绩。妈妈上小学的时候，也不爱念书，还考过最后一名，但是上了初中后就开始努力学习，成绩提升得很快。所以，我们乾埙上国中后，成绩也会变好的。"在这种鼓励中，乾埙上国中以后，成绩真的是突飞猛进，一直保持在班上前一二名。

在为梦想而努力的过程中，一句积极的暗示会对孩子产生很大影响。我经常对乾埙说"你以后要去留学""你会进入世界知名学府深造"，这些最后都变成了现实。我们母子俩经常会一起畅想乾埙成为"投资家"后的生活，好像这件事以后一定会真的发生一样。事实上，这个愿望最后也变成了现实。

有时候和亲戚们在一起，大家总会讨论谁家的孩子这次考试又

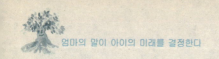

考了第几名，谁家的孩子得了什么奖等。而我总是会很肯定地告诉他们：“乾埈以后一定会成为精英。”因为我要告诉大家，即使眼前乾埈的成绩并不好，但他有向着伟大理想努力的决心和意志。

要从肯定自己的梦想开始，树立积极的人生态度。对于悲观的人来说，梦想不过是空中楼阁；但对于从小心中有梦、积极自信的人来说，梦想就是等待实现的事情。我努力地让乾埈领悟到这一点，因为拥有积极的心态的人没有过不去的坎。

让孩子
在表扬中
成长

称赞可以充分发掘一个人的潜能，将人拉向成功的彼岸。但是，称赞并非在所有的情况下都会奏效。如果运用不当，它不但事倍功半，甚至还会有负面影响。

在该表扬孩子的时候，也要选择适当的方式。恰当的称赞就如同有魔法的咒语，可以让孩子们充满自信。而为了达到这一效果，如何赞扬孩子也有一定的要求。

真心赞扬孩子

就算是刚出生的婴儿，只要抱抱他，他也会明白眼前这个人是否真心喜欢他。大一点的孩子更是如此，他们可以很清楚地分辨耳旁的赞美是否发自内心。如果不是发自内心的称赞，他们不会放在心上，更不会为此作出什么改变。

对于孩子优秀的表现，我们要从心里发出赞叹；对于孩子某些具有真知灼见的话语，我们也要从心底表示认可。同时我们也要明

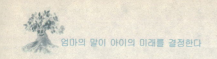

白，一句真心的赞美远胜于十句敷衍。有时孩子们会做出一些令家长不满意的举动，这时我们不要违心地去夸奖他们，而要努力从孩子的错误里，发现他们好的一面。

小时候我很不爱学习，经常跟小朋友在外面玩耍，可是我的母亲却从来没有因此责备过我，反而夸奖我说："看我女儿又活泼又健康，真好。"那时，我感觉到母亲是真的以我为荣。当然，由于我不爱念书，她也花费了不少心思。但她并没有因此而剥夺我玩耍的权利，反而认为我在玩耍中健康成长是一件好事。

乾埙小时候，我经常夸奖他。有位邻居曾经对我说："乾埙妈妈心态真是好啊，孩子那么爱玩，又不念书，怎么还一个劲儿地夸奖他？"事实上，我对乾埙的夸奖绝不违心。在我眼里，孩子们玩耍的模样最可爱，而且他们是否会玩也很重要。其实，当孩子们表现不好，即便我们不说，他们也会感受得到我们做家长的着急。

会玩又会学习的孩子，当然再完美不过。但如果孩子做不到玩学兼顾，妈妈们也不要着急。试着忽略孩子们不好的一面，把注意力转移到他们擅长的地方，这样就可以发自内心地称赞他们了。

及时表扬孩子细小的进步

乾埙上小学时，成绩简直糟糕透顶。那时，他们的成绩分为"优、好、较好、良、可"5 个等级，而他的成绩单上满是"良"和"可"。就算是这样，我也会不时表扬他。

"哇，这次多了几个'较好'呢，真棒，乾埙。"

虽然这样的成绩并不值得炫耀，但毕竟比上一次有所进步。如果和别的孩子作比较，以别人的标准来衡量乾埙，他可能永远听不到表扬声。和优秀的孩子相比，平凡的孩子很容易自卑，而越是这样，他们越会丧失自信，越容易否定自己，甚至会失去努力的勇气。

其实，比谁优秀并不重要，重要的是自己是否在努力。如果想让自己的孩子变得更奋斗，不轻言放弃，那么哪怕他只有细微的进步，也要及时肯定他。

称赞孩子的努力

年轻的家长常会犯这样的错误，对孩子说"你真聪明"、"你长得真漂亮"等诸如此类的话。

聪明或漂亮，是与生俱来的，并不是孩子本身努力的结果。所以这样的话只能让孩子的心情转好，却无法让他们获得正确的自我认知。因此，与其表扬他们这些天生的优势，不如表扬他们的努力。

与其对孩子说"你长得真漂亮"，不如对孩子说"最近做了运动，看起来健康多了！"或者"最近坚持只吃健康食品，没有吃零食，皮肤好了不少啊！"这样的称赞可以让孩子们意识到，只要付出努力，就可以得到相应的回报。

比表扬更重要的事

在教育孩子的过程中，鼓励的作用绝不亚于称赞。更重要的是，帮助孩子获得动力，鼓励尤为重要。当孩子表现优秀时，我们应当给予表扬；在孩子做某件事之前，我们则要鼓励他们。在孩子成功做好某件事的时候，我们一定不要忘记赞扬他们。但当他们因尝试做某件事而犹豫不决或失望徘徊时，也千万不要忘记给他们一句鼓

励，因为这可以给他们带来更大的力量。

"你现在就做得很好了！"

"一直像现在这样努力的话，一定会成功。加油吧！"

我经常这样对乾垧说："不管学习还是别的事情，我们乾垧都可以做得很好，妈妈相信你。"在韩国的时候，鼓励对乾垧就很重要；而当他去英国留学之后，鼓励就更加重要；在适应陌生的英式教育时，乾垧需要鼓励；面对竞争激烈的竞聘考试时，他更加需要鼓励。我常常会通过电话或信件来鼓励他："乾垧啊，你一定会成功，像以前一样努力就好！"说来奇怪，我的话对他来说就像魔咒一样，每当听到我的鼓励，他就又找到了前进的动力。

让我们对孩子们挑战新事物的勇气和不言放弃、全力以赴的精神表示赞美和鼓励吧！如此，你才能让孩子们茁壮成长。

唠叨
也需要
艺术

从很多成功人士的经历中，我们可以发现一个共同点，那就是他们的成功无一不是得益于小时候母亲对他们的教育。

我曾经看过美国西南航空公司总裁赫伯·凯勒尔的专访。在接受采访时，凯勒尔说出了自己的成功秘诀："我的母亲从小教育我，不要刻意追求金钱。当一个人足够优秀时，金钱、名誉自然就不期而至。所以，金钱并不是我们公司员工最大的工作动力。我们的成功依靠的是人心强大的凝聚力，而这也是小时候母亲教育我的。"

美国 3M 的总裁利维奥·德西蒙也同样得益于母亲的教诲。3M 公司的职员以其出色的创造力及超强的自觉性而闻名遐迩，但公司并没有提供比同行业更诱人的薪水。那么，是什么原因促使他们全心全意为公司服务呢？这是因为德西蒙的母亲曾经教育过他，不要把眼前的得失看得过重，近民意者得人心。

我们经常听到父母这样教育孩子，"快去念书""过马路要看车""别尽交一些不三不四的朋友""早上别老睡懒觉，早点起床"……他们甚至恨不得每天都跟在孩子屁股后面不停地唠叨。

可是，孩子们对此却十分反感。虽然明知道父母的话是对的，心里也很清楚父母这样做是关心他们，但他们偏偏左耳进，右耳出。为什么会这样呢？是不是父母对孩子要求太多？

其实，我们可以试着换另一种唠叨的方式，不再对他们说"快做……""别做……"而是对他们说"你可以""你能做到，别担心"。

我的一位朋友有一个儿子和一个女儿，这两个孩子在一起时经常吵架。但是不知从什么时候开始，不管吵得有多天翻地覆，只要妈妈说一句话，他们肯定会停止吵架，也会自己慢慢地消气。

我好奇地向她询问秘方，她告诉我说："两个孩子一吵架，我就对女儿说：'别跟你弟弟一般见识。'然后对儿子说：'别生你姐姐的气了。'接着，两个孩子就都忍不住笑出来，也不再生对方的气了。"

原来，妈妈的幽默化解了两个孩子的矛盾，也使平常的唠叨发挥了作用。由此可见，唠叨不只是妈妈对孩子提出要求的方式，还是妈妈对孩子表达关怀、正确引导他们的方式。

我也经常唠叨乾埙。

"要时刻记得自己的梦想。"

"人活着一定要有目标。你长大后想做什么？"

"赚钱很重要，但如何花钱更重要。"

很庆幸，乾埙不仅没有因为我的唠叨深感重压，相反，他很认真地听取我的教诲。而且由于我的唠叨，我们母子间的沟通变得更通畅。

有时，妈妈们的唠叨可能成为孩子们人生的指南针。即使当时孩子似懂非懂，但妈妈的话却会不经意地烙印在他们的心里。

用充满称赞、鼓励和善意的唠叨，来达到教育孩子的目的，岂不是一种很好的选择？当然，无论多爱孩子，父母肯定都有非教训孩子不可的时候。毕竟，如果父母不纠正孩子的错误的话，那么谁来负责呢？

乾埙并非从不犯错，而我也不可能纵容他所有的错误。但是当他犯下不该犯的错误时，我会尽可能地不把情绪表现在脸上。因为比起发泄自己的情绪，纠正乾埙身上的缺点和毛病更重要。

当我们必须对孩子进行批评的时候，请记得遵循以下 3 个原则。

不要老想着替孩子善后

乾埙很小的时候，有一段时间很挑食。没有喜欢的菜，他就不好好吃饭。有时候玩得高兴，他就把吃饭这事丢到后脑勺去了。如果不叫他吃饭，他肯定会错过开饭时间。有一次，我做好了饭菜。一看没有自己喜欢的饭菜，乾埙干脆就不上桌，在客厅东摸摸西摸摸，完全不理会我的叫唤。刚开始，我轻轻地哄他："乾埙，妈妈把饭做好了，快过来吃啊。"

"我不想吃。"

"如果现在不来吃饭，以后妈妈就不管你了，知道了吧？"

可能知道我有些生气了，乾埙低下了头，但却始终没有吃饭。之后连续两餐，他都发脾气不吃饭，就这样整整一天他没吃一口饭。

接下来，每到吃饭的时候，我照常做好饭菜，端上桌子，但不再劝他吃饭，一切随他的便。

两天以后，他终于自觉地坐到饭桌边，不管有没有可口的饭菜，狼吞虎咽就吃光了一碗饭。紧接着，他又盛了满满一碗，还是一点儿都没剩。从那以后，他就再也没犯过挑食和厌食的毛病。

要让孩子们深刻意识到自己的缺点和毛病，最好让他们品尝一

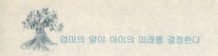

下自己种下的苦果。因为孩子的一次亲身体验，远胜于妈妈的百句说教。孩子犯错的时候，父母千万不要想着去为他们善后。

如果我对乾埙说"快吃点饭""什么菜都吃一口"，甚至还拿着饭碗追在他后面喂他吃饭，那乾埙肯定不可能迅速地改掉他偏食、厌食的毛病。所以即使对他们可能有些残忍，你也一定要让孩子们自己意识到问题的严重性，他们才不会再犯同样的毛病。

孩子犯错的时候，父母千万不要想着去为他们善后。

不久前我在饭店吃饭，旁边有一对夫妇围在一个大约六七岁的孩子身边，费尽了心思哄他吃饭，后来甚至连爷爷奶奶也一起围了上来。为了让他多吃一口，大家都说尽了好话。那孩子却像个小皇帝似的，一副骄横惯纵的模样。对于这种事情，我实在无法理解。家长这样的态度只会惯坏孩子，使他们更难以适应外面的社会。与其千哄万哄，不如让他挨饿一顿为好。

以前我有位邻居，她的孩子从不按时完成作业，总是等到上学前才急急忙忙地赶作业。自从孩子上学以后，她每天早上总是忙得不可开交，既要为一家人准备早饭，又要帮孩子写作业。我曾经对她说："你儿子就是知道你会帮他写作业，自己才不着急的。要让他改掉这坏毛病，你就得狠下心不去帮他，让他挨老师骂！"但是这位心软的妈妈却始终没有做到这一点，继续忍受每天早上的忙碌。

对于大多数孩子来说，与其每天在他们耳边唠叨，不如逼他们对自己的行为负责，这是帮助他们去除毛病的好方法。对于他们的错误，我们做父母的要毫不留情地指出，并让他们自己对此负责。

一次简短的批评胜于多次唠叨

在教训孩子的时候，妈妈们明知道孩子听不进去，可还是要反复唠叨几遍。比如唠叨他早上拖拖拉拉、不爱念书、总是看电视、不做作业等等。而孩子们一看到妈妈张嘴，就会马上意识到——妈妈又要开始唠叨了。于是，他们开始自顾自地玩耍，根本不管妈妈在一边说了些什么。

虽然我认为表扬和鼓励要胜于批评和责骂，但是当孩子们做得很过分时，我主张有必要严厉地教训他们一下。但是重要的是，你不要让批评变成了反反复复的唠叨。在批评孩子之前，对自己想说的话、孩子应该改正的错误，妈妈们要有清晰的认识，要做到话说出口，效果必来。所以我们唠叨时，你一定要谨慎，否则只能是白费工夫。

妈妈的温柔也能奏效

记得乾埙上小学的时候，班里流行玩变形金刚。学校旁边的文具店里摆满了各种各样的款式，只要有一个小朋友买了新式的变形金刚，其他人也都会跟着购买，乾埙也不例外。

但是有一次我没给他钱，但放学时他却带回一个新的变形金刚。随后，我发现放在化妆台上的钱包里居然少了一些钱。虽然金额不多，而且也很理解乾埙想买新玩具的心情，但我绝对不能纵容他擅自拿钱的行为。察觉到我脸色不好，乾埙似乎意识到自己犯了错，流露出了心虚的神情。对于这个严肃的问题，我不能就此作罢。

于是，我把乾埙叫过来："乾埙啊！"

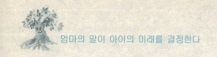

"嗯?"

"妈妈想给你讲一个故事，来这儿坐！"

我没有发脾气，也没有开门见山地斥责他，而是慢慢地给他讲了一个故事。"从前有一个监狱，关着一个小偷。他做了一辈子偷鸡摸狗的事，终于有一次失手被警察抓到。后来有一天，他的母亲去监狱探望他，可是却被他拒绝了。周围的人都劝他，自己的亲生母亲过来探望，怎么说也应该出去见上一面啊。你知道这个犯人是怎么说的吗？"

"不知道。"

"他说：'小时候，我偷一些小东西回家，母亲总是夸我干得好。后来我为了听到母亲更多的赞扬，开始试着偷一些更大的东西，结果就有了今天的下场。'乾埙，现在你能理解他为什么拒绝见自己的母亲了吧？"

那天，我没有跟乾埙直接提有关变形金刚和钱的事，但从那之后，乾埙再也没犯过类似的错误。当孩子已经意识到自己的错误时，比起大声训斥，温柔的教化更有效果。所以作为父母，我们应清楚什么时候该严厉，什么时候该温柔。

让孩子
学会
自己做梦

　　乾垵很小的时候，我在附近的文具店给他买了一个地球仪。第一次看到地球仪，乾垵感到很新奇，所以一直把它抱在手里。他左看右看，怎么着都舍不得放下，甚至忘记了出去玩耍。我指着地球仪问他："乾垵啊，知道韩国在什么位置吗？"乾垵圆睁着大眼睛，转了两圈地球仪后，终于找到了位置。于是，他高兴地用小手指给我看。

　　"很好。乾垵觉得我们国家怎么样？"

　　"看起来好像太小了。"

　　我对着他点了点头。

　　"是啊。在地球仪上，我们的国家很小，是吧？妈妈认为对于乾垵这棵参天大树来说，韩国这片土地远远不够。所以呢，你不要把你的梦想限制在这片土地上。长大以后，你肯定会登上世界的舞台，在那里发出耀眼的光芒。"

　　从那以后，一有时间我就跟乾垵围坐在地球仪旁边研究其他国家的位置。慢慢地，只要在书上、电视上看到不熟悉的国家，乾垵

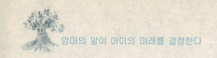
就会到地球仪上去寻找。也许这个小地球仪，就是乾埙向着梦想迈进的第一瓶催化剂。

我没有教育乾埙长大后应该做哪种的人、从事哪种工作、上哪所学校，而是告诉他应该如何做梦。因为懂得做梦，你就自然会懂得寻梦。很多孩子原本有着令人羡慕的天资，却由于不知如何把握机遇，不懂得深入了解周围环境而错失良机，最终埋没了自己的才能。

懂得做梦，你就自然会懂得寻梦。

我每周都去花园小区做义工，同去的有不少出自韩国名门的天才少年。看到他们，我就会觉得这帮孩子好可爱，就会不由自主地跟他们聊天。只要跟他们说上一两句话，你就可以感觉到他们的优秀。他们不仅穿戴齐整、彬彬有礼、心地善良，而且言谈间渗透着聪慧，除此之外他们还个个成绩优异。

但是当问及他们的理想时，回答却不尽如人意。他们大多会说"考常春藤盟校""考首尔大学""考某某研究所"等诸如此类的短期目标。至于毕业后何去何从，他们没有任何计划。

听到这样的回答，我总是会接着问他们："然后想做什么呢？"但大部分人都如此回答："到那时再作计划啊。"如此优秀的孩子，如果因为没有长远的打算而错失良机的话，那它将会是一件多么可惜的事情啊。

拥有过人的天赋固然重要，但更重要的是拥有梦想。拥有梦想，孩子的潜能才能发挥得淋漓尽致。就算孩子再优秀，如果他的才能得不到发挥，也将毫无意义。只要心中有梦想，开发潜能就不是一件难事。梦想让人不言放弃，学会竭尽全力、学会挑战极限。

需要注意的一点是，父母不应过多干涉孩子的梦想，也不要把自己未实现的理想强加在他们身上，更不要为了自己的虚荣心而给他们太多压力。父母永远只是孩子人生的助手，无法代替他们去生活。

要做好孩子的助手，你首先要保证与孩子充分地沟通，要了解他们真正渴望的是什么，最擅长的是什么。英国维珍集团总裁理查德·布兰森爵士的成功是这一点的最好佐证。

> 他的父母从小就教育子女："我们每个人都可以玩转地球。"带着这样的信念，布兰森从小就树立了勇于挑战的人生态度。父母并没有把自己的理想强加给他，而是告诉他生活中他可以施加很大的影响力。正是因为如此，他才得以坚持自己的梦想。
>
> 10 岁时，布兰森爵士就不再去上学，他专注于制作一本叫做《学生》的杂志。对此，他的父母不仅没有严加制止，反而对他鼓励有加。
>
> 尤其是他的母亲，竟然还在该杂志上发表了一篇文章，并积极引见儿子需要采访的有关人士。结果在当年的期末考试中，布兰森爵士除了古代史，其他科目全部不及格，但最后他却成了一名拥有 200 家分公司的集团总裁。

父母能做的只是教育孩子向人生的榜样学习，但却不能强求他们做到完美。孩子们都有逆反心理，强迫肯定达不到目的，相反会让孩子产生负面情绪。孩子必须学会自己做梦。作为他们的助手，

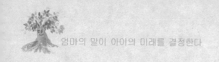

父母只能引导他们找到正确的航向，提供相应的信息，并给予绝对的信赖和支持。

有一种叫锦鲤的观赏鱼，从外表看，它毫无特别之处。但有一点却很奇特，那就是如果你把它们放到小鱼缸里，它们只能长到5~8厘米长；但如果放在水族馆或者池塘里，它们便能长到15~25厘米；如果放在大江大河里，它们甚至可以长到1米长。环境的不同导致锦鲤的生长状况不一，那人是不是也一样呢？

让一个人在世界的海洋里自由畅游，也许以后他可以大有作为；相反，他的很多潜力很可能会被埋没。不要把自己最爱的孩子限制在眼前的一汪浅水里，你要明白，把他们留在身边并不等于真正地爱他们。

真正爱他们，你就应该帮助他们寻找自己的梦想。你要让他们了解这个世界有多大，供他们选择的机遇有多少，而前方又有多少挑战在等待着他们。

给孩子讲述人生榜样的故事

对于孩子来说，父母的人生无疑是一本鲜活的教科书。但这并不意味着作为父母，你就一定能带着他们走好通往梦想之旅的每一步，帮助他们克服所有的艰难险阻。为了尽可能多地帮助乾埙，我常常会给他讲述一些成功人士的故事。因为他的理想是成为一名投资家，所以我更注意搜集一些经济领域的人物事迹。

相比说教和唠叨，别人的真实经历往往更有说服力，也更容易带给我们触动和震撼。现在人们越来越强调榜样的重要性，因此不少人物传记都成为了畅销书。比起每天不胜其烦地对孩子唠叨"快去学习""不许撒谎""用心做每一件事"，为孩子讲述名人故事更容易让他们接受。

但是我从不刻意要求乾埙多读人物传记，相反我更倾向于剪辑一些刊登在新闻杂志上的风云人物故事，然后跟他一起讨论。因为与伟人故事相比，这些人物故事更具时效性，也更贴近生活，不会让人产生距离感。

乾埙小时候读过不少人物传记，虽然这丰富了他的知识，但对

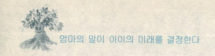

人生并没有起到太多的启迪作用。那些伟人们大多一生下来，就显示出与众不同的天分或意志力，而且时代较为久远，孩子们读过后会觉得那只是传奇人物的传奇故事而已。对自己而言，它们根本遥不可及，更不会产生实质的影响。

而新闻、杂志上刊登的这类人物故事就不同了。这些人物和我们生于同一时代，资质也不会令常人感到望尘莫及，所以更容易引起孩子的关注。那时，我常向乾垍讲述我对这些人物的感受。现在想来，我似乎给了他"你也可以""你也要成为这样的人"如此这般的积极暗示。

乾垍上小学的时候，有一次他拿着跟平时一样糟糕的成绩单来到我面前，一脸焦虑的表情。

"妈妈，成绩不好也能当投资家吗？"

"怎么了？担心自己的成绩吗？"

"嗯。"

当然，如果乾垍成绩优异，我自然再高兴不过。但既然他现在做不到这点，那么最重要的是不要让他产生灰心丧气的情绪。于是我给他讲了现代集团创始人郑周永的故事。

"乾垍啊，现代集团是我们国家知名的大型企业，他们公司的总裁郑周永虽然只有小学文凭，但却照样成为韩国最知名的企业家。妈妈知道乾垍以后想成为投资家，但是现在担心成绩不好，会影响梦想的实现。但妈妈想告诉乾垍的是，比起成绩，养成一种良好的学习态度更为重要。知道吗？我们乾垍以后一定会成为出色的投资家。"

等乾垍大一点时，我又给他讲述乔治·索罗斯和花旗集团总裁桑迪·威尔等人的故事。后来乾垍居然自己找来他们的相关报道，并进行反复阅读。之后，他对我说："我要做一个像乔治·索罗斯一样的投资家。"我有些惊讶,紧接着问他:"乔治·索罗斯都做了些什么呢?"

"乔治·索罗斯不仅赚了很多钱,而且做了很多好事。"

"都做了哪些好事呢?"

"作为一名犹太人,乔治·索罗斯平生受到过不少迫害。但忙于事业之余,他不忘建立一个社会开放基金会,为全世界的民主主义事业服务。我也要像乔治·索罗斯一样,赚钱的同时不忘做善事来回报社会。"

听完他的回答,我惊讶于他对乔治·索罗斯事迹的全面了解。从那以后,只要问起他最崇拜的人物,他总会回答说是乔治·索罗斯。在艰苦条件下成长起来的乔治·索罗斯,从最初一名小小的交易员成长为世界最知名的银行家,目前还被推选为最受欢迎的企业 CEO 之一。

我对乾埙说:"相比乔治·索罗斯和桑迪·威尔,你的条件要优越得多。因为宗教和种族的问题,他们在发展的道路上受到很多制约,现在的社会相对自由得多。你要明白只要有为梦想而努力的意志和决心,不管有多困难,你最终都会成功。"

后来,乾埙在外求学遇到困难的时候,这些人物故事给了他很大的鼓舞。此外,我还喜欢搜集一些青年人的纪实事迹。比如说投资失败的年轻英国侨胞、白手起家的中小企业老板、由差等生变成美国 MIT(麻省理工学院)奖学金获得者的韩国学生……一个个诸如此类的小故事促进了我们母子间的沟通交流。

值得一提的是,促使乾埙将留学梦想提上日程的是哈佛学子洪政宇写的《七幕七场》。虽然早在此前乾埙就有留学的打算,但真正给予他各方面的详细指导的正是洪政宇所写的这本书。因为他们的

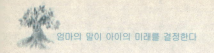

目标国家一样，年龄又相差无几，所以故事才显得更加真实，值得借鉴。

父母应该让孩子们了解更多成功人士的故事，这样做的重点不在于这些成功人士有多么成功，而在于让孩子们学习他们克服困难与失败的方法。

孩子们一定要牢记一个道理，没有人能随随便便就成功。人生中会经历无数成功与失败，你需要看清的是哪些成功能带来更大的成功，哪些失败只能导致更大的失败。下面我列举一些我为乾埫搜集的故事。

故事 1：要树立自尊心

作为韩国五大旅行社之一，参洪旅行社在业界享有盛名。但在创业的道路上，他们的社长洪成浩是在经历了许多磨难后，才取得了今天的成就的。

在朝阳商船株式会社，他曾做过 4 年的普通员工。但当公司宣布晋职者名单时，他当场傻了眼。因为一直以来，他都以业绩高于与他同期入社的员工而骄傲，但这次晋升名单上居然没有他。

于是他下定决心远渡重洋。最后他来到一个机遇遍地的国度——美国，并准备在此重新开始他的人生。

2 年之后，取得夏威夷大学经济学硕士学位的他只身来到纽约闯荡。他做过水果店的营业员、拖车司机……一次偶然的机会，他进入一家百货商店做经理。考虑到这个职位可以让他经常与老板打交道，于是他主动提出很低的底薪，并要求按业务量领取奖金。老板半信半疑地答应了他的要求，并把服装这一块全权交给他打理。

出乎老板意料的是，奇迹出现了。短短的 1 个月内，卖场的销售额就增加了 1 倍，而 7 个月后，销售额竟然翻了 7 倍。

按照事先的约定，业务完成得越多，他拿的薪水也就越多。无奈，老板只能劝他自己创业。他也毫不含糊，毅然离开了纽约，来到新泽西这个田园都市。在这里，他租了一栋 2 层小楼，开了一家百货商店，并获得了很大成功。只用了 1 年，他就还清了念书和创业时借的 3 万美金。

这个名为"曼哈顿"的商店最终拓展到了 3 个店铺。此外，他还在纽约中心做起了玩具批发生意。因为庞大的资金流动，他不得不雇用 4 名警卫。但是在异国土地上的成功，并不让人感到踏实。在事业粗具规模时，他又把海外创下的一切全部转让，然后回到韩国办起了国际旅行社。刚开始时，旅行社一边代卖飞机票，一边研究开发各种旅游产品。为了寻找灵感，他几乎走遍了世界各地。

皇天不负苦心人，丰富的经历给他带来层出不穷的灵感，渐渐地旅行社生意越来越好，达到了今天的规模。

当他在美国受苦的时候，父亲没有为他提供一丁点儿帮助。而他今天的成功，无疑要归功于父亲的狠心。

"在那种每天靠泡面填饱肚子的日子里，我怀着无比矛盾的心情打电话回家。刚说明来由，父亲就很干脆地挂断了电话。我之所以拥有今天的成绩，全都归功于父亲当年的狠心。虽然那时的失落之情难以言表，但是试想如果父亲在那时拉我一把，我可能就不会像现在这样独立地在异国闯出一

片天地。"后来，他把自己白手起家的成功哲学传授给自己的 3 个儿子。

故事 2：为了远大的理想，要勇于挑战困难

这是肯尼迪总统年轻时候的故事。虽然当时他还很年轻，但经过长时间的考虑后，他决定参加马萨诸塞州的州长竞选。有一天，他父亲突然来到他的办公室，说："你给我放弃州长竞选！"

"您听到什么不好的传闻了吗？"

肯尼迪没有料到一向支持他的父亲，竟然会反对他参加竞选。父亲坐下来说："你先别忙着竞选州长，去和亨利·罗杰竞选上议院议员吧。"

"为什么？"

"如果你胜了他，就可以全国闻名，接下来就可以挑战总统一职。我知道你有远大的梦想，从现在开始付诸实践吧。"

"我明白了。"

就这样，初涉政坛不久的肯尼迪成为当时舆论的焦点，如愿当选上议院议员，最后果真成为美国第 36 届总统。

试想，如果他因为害怕而放弃了与亨利·罗杰的较量，那么他的愿望将很难实现。虽说不挑战困难就无所谓失败，但也无所谓成功。有了远大的梦想，即便再苦再难，只要竭尽全力，你就一定可以成功。

故事 3：内心的信念比外部条件更重要

从前，一名鳏夫和他的小儿子住在一个村庄里。鳏夫每天很辛苦地工作，但却赚不到多少钱。因为没钱买鞋，儿子只能光脚上学。

一天，儿子对父亲说："爸爸，我长大后想做一名外科大夫。一个小朋友很久以前眼睛就有问题，看不清楚东西，可是前几天做了一个手术，他的视力完全恢复了。我也想做医生，因为他可以帮助别人。"

听完儿子的讲述后，父亲回答说："过去 25 年里，为了让你接受更好的教育，我存了 8 000 美元。但是现在我觉得在你医科大学毕业之前，最好不要动用这笔钱。等你毕业后，你可以开一间诊所。那时用这笔钱，你可以购买一些器具，你觉得怎么样？而且这笔钱存在银行里，所得利息还可以补贴你的一部分学费。如果在求学期间有需要用钱的地方，你也可以随时动用它。但我还是觉得把它放在银行里，一点点生利息比较好。等你毕业时，光利息可能就有不少了。"

听了父亲的话，孩子有了更大的动力。他下定决心，毕业之前决不动用这笔钱。于是大学期间，他白天念书，晚上或假期里就在附近的药店打工，或者做家教赚取学费。

但在他毕业前的某一天，孩子却很意外地听到父亲这样对他说："我每天不停地挖煤，可是却没有存下一分钱。之所以对你撒谎，是因为我希望你可以充分挖掘自己的才能，用你自己的能力实现梦想。"

一开始，孩子没有明白父亲的意思，显得有些惊慌失措。

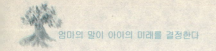

但惊讶与打击过后，父子二人相视而笑。父亲告诉儿子自己存有一笔钱，事实上是为了让他找到奋斗的信念和勇气。因为有了财富作保障，孩子就可以毫无顾虑地向心中的目标冲刺。

虽然父亲没有给儿子一分钱，但却给了他比富人更充裕的信心。他之所以能够成为外科医生，全凭心中坚定不移的信念作支撑。通向成功之门的钥匙，不在于手中究竟有多少物质条件，而在于内心是否充满信念。

故事4：化压力为动力

为了研究压力对生命体到底会产生怎样的影响，有关人士用小白鼠作了这样一个试验。

他们把小白鼠分成三组：为A组的小白鼠提供充足的食物且不施加任何压力；为B组的小白鼠提供适当的食物，并安装了电击给它们施加压力；为C组的小白鼠实施加强电击。

试想，哪一组小白鼠会活得最健康、最有活力？实验表明是B组。没有一点压力且有充足食物的A组小白鼠，则最先得病。

人们都以为环境越轻松，活得则越长久和健康。其实不然，适当的压力和紧迫感可以激发人对生活的热爱。当今时代，人们更是不可能在没有压力的社会里生存。

其实，现实要求我们必须学会把压力转化为动力。所以重要的不是如何避免压力，而是面对压力时你如何调整心态。

故事 5：现实条件很重要

在中国古书《韩非子》中，有一个关于千里马的故事。

一位名叫"伯乐"的人很擅长相马。对于前来向他请教的人，他会告之不同的选马方法。对喜欢的人，他传授如何挑选"劣马"的方法；对讨厌的人，他传授如何挑选"千里马"的方法。因为千里马稀有，所以即便你知道了辨认的方法，也很少能派上用场。而"劣马"到处都是，所以你可以依靠转手这些马来赚钱。

同理，我们也可以以此方法来运作股市。与其费力地去寻找一些潜力股，不如购买一些小风险、好转手的股票。不仅仅是股市，现实中很多事情都是如此。

我们应该树立崇高的理想，但也要对高度进行设限，以便使其具有实现的可能性。达不到顶峰时，请你也不要放弃，至少我们可以把标准下调。正所谓退而求其次，只要我们尽了全力，那结果便是最好的。

故事 6：做人要守信用

中国古代齐国，有位姓全的人。他和儿子一起到越国去做生意，用绸缎换米。他找到跟他长期交易的蔡先生，对他说："我想用绸缎换您的米。"

"您的东西质料是最好的，而现在本地绸缎的价格是每匹 5 两白银。"

"嗯，可以。那米的价格怎样？我打算秋天要。"

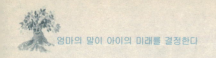

"1石2两白银。"

"好吧。"

全先生做完生意后回到家中，这时一位商人找上门来，表明自己将用高于蔡先生2倍的价钱买他的绸缎，但是全先生礼貌地拒绝了。

"不好意思，那些绸缎我已经卖掉了。"

商人走后，一旁的儿子忍不住问道："爸爸，现在我们不是还没拿到钱吗？那么卖给刚才那个人岂不是更好？"

"既然我们答应了人家，就一定要遵守约定。"

2天后，蔡先生如约拿走了全部绸缎。

到了粮食丰收的季节，米的价格一路疯狂飙涨。但蔡先生也遵守当初的约定，如数将米卖给了全先生。这次，轮到蔡先生的儿子不乐意了。"现在的米价比春天时涨了10倍，既然我们不能卖10倍的价钱，那么卖5倍的价钱也好啊！"

听到这话，蔡先生回答道："在整个交易过程，我都让你跟着我的目的就是要教你认识到守信的重要性。对于商人而言，最重要的莫过于'信用'二字，不讲信用的人做不成生意。全先生上次不也放弃了可以多赚1倍的机会，如约把东西卖给了我们吗？"

全先生和蔡先生遵守约定，不仅彼此都获得了经济上的利润，而且还以身作则，让孩子们看到了遵守信用的必要性。

保持与
孩子的
沟通

　　在教育子女的过程中，沟通是非常必要的。这些年来，我一直努力和孩子实现良好的交流沟通，这也是我值得骄傲的一件事。

　　但是很多父母说，与现在的孩子沟通很吃力。小时候，孩子话还挺多的，经常问这问那。可不知从什么时候起，他们一回家就躲进自己的房间，对家人的态度也很是冷淡。

　　怎么会这样呢？

　　凡是小孩子都喜欢和父母聊天，希望他们可以认真听自己讲话。想想他们牙牙学语时的情景吧！当他们第一次口齿清晰地吐出"爸爸""妈妈"这些字眼时，我们做父母的是多么激动、欣喜若狂。

　　等稍稍长大后，他们就会每天围在我们身边讲这讲那。而我们，则为了让他们多听进一句劝告而费尽心思。

　　但是再过几年，孩子们上学后，两代之间的沟通时间开始逐渐减少。平日里，孩子往返于各个补习班，回家后常常是马上打开电视和计算机。所有这些，无疑都占据了原本的亲子沟通时间。

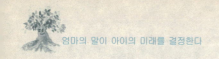

　　每次看到小小年纪的孩子，手里拎着补习班配发的书包，等待开往那里的班车，我总感到非常惋惜，总觉得孩子的课余生活不应该被补习班的课程所占据。可能年轻的妈妈们还不清楚，事实上我们可以用来跟孩子进行良好沟通的时间真的很短。

　　如果在孩子出生到上学这段时间里，两代人无法进行很好的沟通的话，那么以后日子要想与孩子进行良好沟通，将会更加困难。特别是上了初、高中以后，由于繁重的学业，孩子每天早出晚归，可能连吃饭的时间都不多。而有的孩子则读寄宿学校，或很早就出国留学，那么别说是沟通，哪怕连见一面的机会都非常少。

　　再往后，孩子们要上大学、服兵役、成家立业……他们甚至没有多少时间陪在母亲身边。所以趁着孩子上小学的 6 年里，你一定要抓紧时间帮助他树立正确的人生观和价值观，同时也尽量多给孩子创造有关家庭的温馨回忆。

　　但是，现在的孩子们却将这样宝贵的时间全都花费在补习班了。事实上，为孩子打造稳固的基础，以确保他以后健康向上发展，比急着为他灌输学科知识更为重要。

　　在教孩子说话时，父母都怀有极大的热情。如果我们一直坚持这种热情，那么与他们的沟通便不会间断。而如果我们想消除与他们之间的隔阂，就一定要利用好他们上小学的这几年时间。

　　在孩子上了小学时，你可以拓宽与他们交流的范围，比如可以与他们探讨一些诸如梦想、读书、社会新闻、舆论等对他们有帮助的话题。正是由于乾垾上小学的时候，我们经常一起探讨经济问题，所以他的梦想才会成形。对话并不等于单方面的说教，妈妈们也要善于倾听孩子的意见和想法。另外，妈妈与孩子谈话时的态度对孩子也有很深的影响。

　　如果孩子没有按照你的安排成长，你不要太过担心，想办法通过沟通来了解他们内心真实感受。从小就跟父母沟通顺畅的孩子，大多具有良好的表达和思维能力。沟通是教育中极为重要的一环，父母一定要好好重视，切记不要错过了沟通的良好时机。

坚持
给孩子
写信

　　乾埙留学的时候，我最担心的一个问题是：在他人生最重要的
时期，我不能陪在他身边给他及时的指导。

　　对于一个十几岁的孩子来说，无论是身体、心理还是知识储备，
离开韩国直到大学毕业都会经历许多变化。能够在旁边看着孩子一
步步成长，是我们父母最大的乐事。而除了尽到做父母应尽的义务
之外，你还需要在适当时给予一定的教育和忠告。但即便这样，你
也不能因此而把孩子一直锁在自己身边。

　　庆幸的是，信件可以解决妈妈们的这个苦闷。虽然现在 E-mail、
电话、手机等各种通信工具都很发达，即便不写信也可以保持联络，
但我还是倾向于选择这种最原始的方式。因为我觉得自己的亲笔信
更为生动，也更容易被孩子记住。所以送乾埙去英国之后，我就下
了两个决心：第一，坚持写信；第二，坚持为他祈祷。我相信远在
大洋彼岸的儿子，会听到他妈妈虔诚的祷告。这也是我能为他做的
全部事情了。

　　乾埙离开之后，我几乎每天都给他写信。因为不能每天去邮局

寄信，于是我把一段时期写下的信累积起来。但不管怎样，我都尽量让他每周都能收到一次信。等他大学毕业后，我写给他的信件已足以塞满 6 个活页夹了。

通过信件往来，我和乾埙的沟通反而比以前更加深入。在信里，自然少不了对他的问候，但更重要的是我可以给他讲故事，告诉他我希望他读哪些书。有一次，我在书上读到一位开办英国旅游业务的人的创业经历，就给乾埙写了这样一封信：

今天我要给你讲托马斯·库克的故事。19 世纪产业革命的时候，人们深受高强度劳动和低收入的双重煎熬，经常下班后泡在酒精里。目睹到这一状况，库克就联合周围的资本家一起发起禁酒运动，呼吁人们以红茶代酒，这开启了英国人喜欢红茶的序幕。

1841 年，库克突发奇想，提议把参加禁酒大会的人都组织起来，进行一次火车旅行。途中他们将以红茶代酒，并且在火车上播放音乐供大家欣赏。这个想法一提出，就得到 570 多人的响应。他们每人只需交 1 先令，就可以享受 19 公里路程的火车旅行。

1881 年和 1884 年，伦敦和巴黎分别举办了世界博览会。库克牢牢地把握了这两次契机，他的旅游事业有了很大的进展。之后他靠着自己层出不穷的创造力，把事业推向了一个个高峰。

韩国的郑周永会长，也是依靠开发别人不敢设想的金刚山旅游业而成功的。这不仅在经济上是一大收获，同时也缓和了韩朝间的紧张局势，扩大了民间的交流。一个成功的企

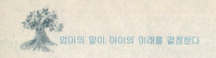

业家，需要具备别人无可匹敌的毅力和勇气。

有时候，我还会把报刊上登载的新闻剪辑下来，寄给乾塏。如果乾塏遇到急事或公事时，我不得不通过电话来解决。但我内心要对他说的话，一定会通过信件来表达。只要乾塏在回信里提到"妈妈上次不是说过……"，我就会感到无比欣慰，因为我知道他已经把我的话牢记在心了。偶尔在给他写信时，我也会引用自己的日记或我们母子间曾经有过的对话内容。

我认为，那些很早就把独生子女送去国外接受教育的父母，只要坚持与孩子交流，就不会因为空间的距离而与孩子疏远。通过频繁的信件或 E-mail，甚至可能会形成比在同一屋檐下更加默契的亲子关系。而重要的是，你一定要记得尊重孩子们的立场，并且尽量让两代人相互了解彼此的爱好和所关注的事物，以寻求更多共同的话题。试着和孩子们透过写信来实现交流吧，你会发现两代人之间可以深入探讨的话题很多。

把孩子当做VIP

"哎哟，我的 VIP！"

乾埙回到家时，我经常这样叫他。有时，他会不好意思地说："妈妈，别拿我开玩笑了。"当然，脸上绝不是反感的表情。虽然只是一种戏称，但在心里我的确是把乾埙当作 VIP 看待的。所以他在家时，就算给他倒杯水，我也会选很漂亮的杯子，连同杯垫一起递过去，"喏，我的 VIP，给你水。"

有时候会看到一些妈妈，像对待婴儿一样对待自己已经长大了的孩子，处处迎合他们。这跟我所谓的"VIP 待遇"，是两种截然不同的概念。虽然最高待遇会包含最周到的服务，但妈妈们必须认清自己的责任。如果在家里，父母一直把自己的子女当做小孩，处处为之着想，伺候得无微不至，那么子女可能也会以小孩自居，认为幼稚、不成熟理所当然，就会这么顺着父母引导的方向成长。即便孩子抗议，但有的父母就是喜欢替孩子作一切决定。

"你还小，懂什么？不行！"

"不听老人言，吃亏在眼前。你必须听妈妈的！"

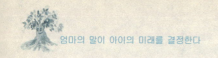

　　但是不要忘了，孩子也有自己的想法和喜恶。给他们自己选择的机会，在一旁默默地支持他们，他们才会变得更自信、更加喜欢自己。

　　精神分析学家认为，人们对自己的认识 50% 由自己决定，而另外 50% 则受别人的想法影响。也就是说，别人的目光可以提升一个人的自信，也可以摧毁一个人的自信。家庭里父母对孩子的教育方式，对孩子是否拥有积极的内心影响尤为重大。

　　成功人士大都保持一种积极的心态，但成功的人并非在所有的事情上都会成功，他们的成功也是建立在无数次的失败之上。其中自身坚强的意志，是决定他们成功的重要因素之一。而同时背后坚定的支持者，对他们的影响也是相当巨大的。当然这些竭尽全力的支持者，大多都是他们的母亲。

　　众所周知，爱迪生之所以成为举世闻名的发明家，他的母亲功不可没。小时候，他因为无法适应学校的生活，被大家视作低能儿。但他的母亲坚信儿子不是废物，帮他办理完退学手续之后，她便亲自帮他把潜能一点点开发出来。

　　试想，如果他的母亲也认为他是个低能儿，进而放弃了对他的教育，那么他很可能就此沉沦在自卑感里，当然也就不可能成为伟大的发明家了。

　　有很多父母对孩子的话表现得不以为然，孩子说些什么，只知道"嗯，嗯"地简单敷衍，就算孩子把精心画好的作品呈现在眼前，也不会高兴地称赞两句。

　　可是，如果换作是一名 VIP 站在面前，恐怕他们就不会有如此冷淡的反应了。因为在 VIP 面前，他们这样表现会被看做是没教养、没素质、没礼貌的表现。T-pack 个性 T 恤全球总代理凯丽·莱因哈特的父母，就是很好的榜样。

　　有一天，10 岁的小凯丽在画纸上作了一张画。和以往一样，她的父母拿过来仔细欣赏。突然在其中，他们找到了一些灵感。

　　原来凯丽在纸上画了一个娃娃，娃娃的裤子上有一个枪套模样的口袋。正是这个口袋带给了这对夫妇灵感，他们随即设计出新产品，并拿到美国拉斯维加斯的博览会上参展，且借此契机与陆军方面签下了合约，为他们提供部队所需的服装。后来，凯丽·莱因哈特也成长为 10 大企业家之一。

　　试想一下，如果当年父母对凯丽的作品无动于衷，或者仅仅把它当做孩子无知的涂鸦，那么她很可能就不会有今天的成就。我们应该把孩子当做 VIP 来对待，把他们看成未来的世界精英。我们更应该细心听取他们的话语，尊重他们的意见，尽可能培养他们的自主选择能力。

　　懂得尊重自己的人，才会得到别人的尊重。同样的道理，在家里享受贵宾级待遇的孩子，在外面也会受到同样的优待，因为他们会把身边的人当做 VIP 来对待。

第 3 章

如何将孩子培养成国际精英

　　无论是在韩国还是在国外，所有专家都预测，未来社会里，国界的概念将会逐渐淡化和模糊，世界各国将会变得更加紧密。那时，要想成为一个引导社会的精英，就必须具有承认和包容各种文化的品性。为了培养这种品性和能力，通过旅游来接触各种文化或者读一些关于其他国家和历史的书籍，是必需的。

养成
绝不放弃
的恒心

有才能的人不能成功，大多是因为他轻言放弃，对任何事情只有三分钟热情，没有持久的耐性。因此，虽然开始时他好像能把每件事情都做好，但却极少能坚持到最后。

当今社会，无论是学习、工作还是事业，取得成功的关键并不在于个人的才能，而在于拥有从不轻言放弃，竭尽全力坚持到最后的恒心。我希望乾埙成为这样一个人，一个一条路走到底，绝不轻言放弃的人。

虽然每个人都知道这是一种正确的人生态度，但却不知道这种人生观并非天生，而且培养起来非常困难。培养孩子这种精神，我认为首先必须以身作则。我是那种虽然没有什么才能，但是却能坚持不懈的人。辛苦的时候，我也曾想放弃，然而只要想到乾埙，我就能坚持下来。

听到人们评价我是一个无论再小的事、也要尽全力做好的人，我就会很高兴。有一次，一个很要好的朋友告诉我她上大学的女儿正在寻找兼职。她拿了女儿的简历说："女儿走遍了每个商场，光简历都已经发出去好几十张了。虽然我没有抱很大的期待，但还是希望能帮女儿减轻一点负担，所以也带了些简历出来。"

我以前见过几次朋友的女儿，印象中她是一个非常诚实和能干的孩子。因此我也想帮助她，于是就要了几张简历。我跑遍了每个卖场，递发简历时努力地向人们推荐这个孩子，并且走时会确定一下，拜托他们能给孩子一个机会。第二天，一个服装商场打来电话说要寻找兼职，孩子第二天就可以开始工作了。

知道这事后，朋友说："我也有过帮孩子寻找兼职的经历，但是当我听到人家说不招兼职时，我就有了放弃的念头了，乾埙妈妈则会一直坚持到底。"朋友说得没错，我取得成功，并不是因为我说的话有多么动听，或是有多大的说服能力，而是因为我坚持到底，绝不放弃。受我的影响，乾埙也养成不轻言放弃的个性。情况越是困难，失败得越多，他坚持战胜困难和失败的决心就会越强烈。

毕业找工作时，乾埙曾经在应征考试中遭遇过很多挫折。因为竞争很激烈，优秀的人才比比皆是，所以成功的概率非常低。这时，有相当的实力很重要，但是竭尽全力去对待考试的态度更加重要。

很多人虽然拥有杰出的才能，但没有承受失败的能力，也没有一定要成功的信念，所以遭遇几次失败后就心灰意冷，因而不能发挥自身实力。但是乾埙却一直坚持到了最后，终于找到了一个很好的工作。后来乾埙说，每当考试失败时，他就会想起妈妈。无论遇到多么艰难的事，想到妈妈绝不放弃的样子，他就又有了前行的力量。他的这些话让我内心非常欣慰。

如果父母事事都替孩子安排好，那么孩子绝不会有上进心。因为只有树立自己的目标，孩子才会为目标努力，才会逐渐形成上进心。为了激发上进心，你首先就要树立正确的目标。目标过高，容

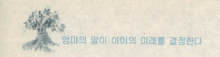

易让人颓废放弃；反之，则会让人失去兴趣，对将来的发展也毫无
帮助。所以，最恰当的目标才能让孩子能力得到最大限度的发挥。

如果父母事事都替孩子安排好，那么孩子绝不会有
上进心。

当年高尔夫球天才少女米歇尔·魏挑战男选手遭遇惨败时，老
虎·伍兹这样说："米歇尔想要成为一个优秀的高尔夫选手，需要
通过和同龄女选手之间的竞技获得取胜的经验，需要在掌握比赛的
始末过程中，积累正确的胜负观。"

不管做什么，尽最大的努力坚持到最后。而取得胜利的经验越
多，在失败中站起来的次数越多，往后人生取得成功的可能性就越
大。所以即使艰难，你也要去尝试；即使现在失败了，你也要相信
下次一定会成功。马拉松最终的胜利者都会不畏困难，保持恒心。

独生子女
需要
克服的事

乾埙是独生子。自从生下乾埙后，我的身体就很虚弱，所以没有再给乾埙生个弟弟或妹妹。近年来，随着出生率的降低，独生子女越来越多。对于父母来说，总是很担心能不能教育好自己的子女。

"会不会不合群呀""会不会成为一个自私又自以为是的人呢""会不会变得缩头缩尾，或是依赖性很强呢"……国外的一项调查显示，成功的 CEO 都不是独生子女，也就是说独生子女和他人相处的机会很少，社会适应能力低下。

虽然独生子女也去幼儿园或者安亲班（即为全职家长照顾小孩的机构）之类的地方，培养社会交往能力的机会很多。但是作为父母，人们仍然非常担心孩子是否能健康成长。显然，拥有兄弟姊妹的孩子们能学到很多独生子女无法学到的东西。但是，独生子女也有很多得天独厚的优势。

由于和大人接触的机会相对较多，所以独生子女更容易接触到大人成熟的观念。其次，他们和父母的关系也会相对紧密。除此之外，独生子女还有很多其他的优势。

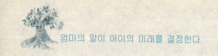

其实，成功人士中也不乏独生子女，如达·芬奇、安德森、爱因斯坦、老虎·伍兹等。如此看来，独生子女和非独生子女都各有各的长处。但是作为独生子女，他们仍需要好好地去学习很多的东西。

我不希望乾埙成为一个衣来伸手、饭来张口的寄生虫，也不希望他成为一个自私自利、自以为是的人。要想成为一个社会领袖或是精英，孩子们需要具备很多才能和资质，其中正确的思考方式和良好的品性最为重要。

在和别人好好相处的过程中，孩子们可以学到很多东西。如果他们没有机会和他人相处，父母就要为他们创造机会。对于独生子女来说，在此事上他们更加需要父母的帮助和支持。在这里，我想向大家介绍几种教育独生子女的方法。它们都来源于我和丈夫的亲身经验。

培养会分享的孩子

在教育孩子的过程中，我们最担心的是作为独生子，乾埙会成为一个自私自利的人，而不是一个我们希望的懂得分享、以分享为乐的人。

随着年龄的增长，人们就会发现最大的财产不是金钱而是人。那些将财富、才能和知识视为己有的人很难得到发展，所以应当学会与人分享自己所拥有的东西。但是，分享和奉献也需要一定的经验，仅是拥有善心还不够。正因为此，我们一直支持乾埙志愿参加一些义务活动。

刚开始，乾埙的爸爸会带他去"慈母院"做一些义务劳动。"慈母院"是专门照顾未婚妈妈和贫穷孩子的地方。上国中的时候，学校教学中有一项功课是小区服务，即学生在周边地区进行义务劳动，得到社区证明后提交学校审核。

但是有些孩子既要上补习班，又要学很多其他的东西，所以父母就只让他们做一些清扫院子之类的劳动。乾埙的爸爸却要求孩子完完整整地去做好这项功课。他带着乾埙和他的几个小伙伴一起去了"永久的家"福利院，做一些实实在在的义务劳动。"永久的家"是孤寡老人居住的地方。刚开始时，孩子们确实很辛苦，但是他们却没有皱过一次眉头，即便在清理老人大小便时。

在家里被百般疼爱的宝贝孩子们，在这里体验到了帮助别人和奉献自己的快乐，这确实让人感到欣慰。

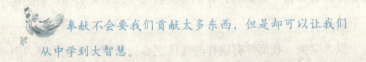

奉献不会要我们贡献太多东西，但是却可以让我们从中学到大智慧。

那时一起去的小伙伴们，其中两人考进了医科大学，其他的孩子也都很幸福地生活着。看到这些孩子们能够将自己的时间奉献出来，快乐地成长着，我内心也非常高兴。后来每次放假回国后，乾埙还会去福利院做一些义务劳动。

做过义务劳动的人都明白，与其说奉献是为别人而做，倒不如说是为自己而做。奉献不会要我们贡献太多东西，但是却可以让我们从中学到大智慧。有一天，乾埙刚做完义务劳动回来。我问他："做义务劳动，不累吗？"

"不是很累。看到那些爷爷奶奶不能动，而我却健健康康，我想这是一件多么值得感恩的事呀！"

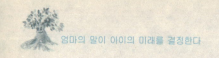

"是呀！但是我们也不能天天去那里帮助那些爷爷奶奶们啊！"

"所以，以后我要挣很多的钱做好事。现在我明白了，假如我以后成为了富人，我更应该为社会多作贡献！"

通过这些活动，乾埙懂得了感恩生活，而且还知道了什么是有价值的事。对此，我也感到十分高兴。

孩子需要坚实的精神后援

乾埙小的时候，常常是自己一个人玩。每当这时，我就会感觉对不起他。我会想：这个孩子没有可以依靠的兄弟姊妹，以后要自己一个人面对这个艰难的世界！其他独生子女的妈妈们，心情也大都如此。看到孩子寂寞时，她们会感到愧疚，常常会想：要是再生一个就好了。

很久以来，我都怀有这样的愧疚之心。想到以后孩子遇到困难时，连一个可以依靠、可以寻求帮助的人都没有，我的确很抱歉。但是幸运的是，为乾埙祈祷的人却很多。直勒高神父就常常为乾埙祈祷，并时常写书信给乾埙，给予乾埙很大的支持和鼓励。其实神父并不在韩国，他在菲律宾的修道会，我们一次也没见过面。一次偶然的机会，我们成为菲律宾圣·弗兰泰斯科修道会的候补会员，开始了与神父的这段缘分。直到现在，神父都是乾埙心灵上的支持者，也成为守卫我们家庭的强大力量。

7年来，他和乾埙一直保持书信往来。每当乾埙需要作出重大决定或是有什么苦闷时，他都会给乾埙提供建议。几年前，他还给乾埙寄来了他亲手做的念珠。

乾埙小时候有一个理想，就是帮助埃塞俄比亚的难民。这个理想，是基于神父的影响而生发的。神父的弟弟在那里工作，所以神父经常会和乾埼说一些埃塞俄比亚的问题，渐渐地乾埼便关心起埃塞俄比亚来。福利院的拓泰欧修女曾给我写过这么一封信：

> 乾埼小小年纪就去留学，虽然会适应得很快，但是遇到
> 的困难也会很多。我想如果从现在开始，教会他遇到困难时，
> 应该如何审视自己的内心，会让他成为一个更加优秀的人。
> 所以请转告乾埼，让他用更多的时间来倾听自己内心的声音。

以前，我很担心乾埼没有和他同甘共苦的亲生兄弟，但是现在这种担心几乎没有了。因为有很多人教乾埼怎样正确生活，为乾埼的成功祈祷，特别是直勒高神父、拓泰欧修女和马提亚修女。一想到这些精神丰富的人在为我们祈祷，我就会拥有战胜任何困难的勇气。如果不能给孩子一个有血缘关系的兄弟姊妹，那就给他找一个精神的支持者吧！

与其他孩子相比，独生子女需要父母给予得更多。父母既要成为能给予孩子忠告的兄弟姊妹，还要做孩子永远的支持者，为孩子创造更多与别人相处的机会。平凡的父母扮演所有这些角色，难免会有筋疲力尽的时候，这时你就需要旁人来分担这些角色。

有时，我在外边会听见一些孩子叫妈妈的朋友"阿姨"，叫爸爸的朋友"叔叔"，便会认为这些都是孩子很好的支援者。孩子们身边有可以倾吐烦恼、启发自己的大人，是一件多么幸福的事情！

通过多种多样的关系，孩子们可以感受到在家里不能享受到的新感情，这些都有助于孩子以后变成精英。

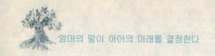

不要有"小孩歧视"

乾埙要去英国留学时，有人这样问我："您怎么放心把这么小的孩子送去单独留学呢？"我通常很惊异于他们的提问，因为不论是在当时还是以前，我都没把乾埙当做小孩看待。我觉得出国留学，是乾埙在合适的年龄阶段该做的事情。

听说乾埙从上小学开始就去海外旅行后，也有人这样对我说："自己去旅行，是不是太小了？"但是乾埙比谁都喜欢海外旅行，并且从中学到了很多东西。

我并不是说早期留学有多好或者一定要去语言学校研修，而是认为不要因为孩子小就让他们错失很多机会，其实孩子们并不像父母们想的那样小。

正如在80岁的老母亲眼中，年已花甲的儿子永远是小孩一样，所有父母都将自己的孩子永远视作小孩，那些拥有独生子女的父母更是如此。

尽管孩子们的年岁在增长，但父母却始终觉得他们长不大，含在嘴里怕化了，捧在手里怕飞了。在父母眼中，他们是还不能作任何决定和选择的小孩子。但是父母怎样对待孩子，孩子就会变成什么样的人。他们可能变成娇生惯养的人，也可能成为独立持重的人。

20岁以前，拿破仑就梦想统一欧洲；14岁时，钢铁大王卡内基就开始为一家人的生计奔波，并得到了维护自尊心的方法；11岁时，投资鬼才沃伦·巴菲特就开始炒股票……

十几岁已经不是一个很小的年纪了，而是一个建立自己的梦想并为之进行努力的年龄阶段。如果你还继续将他们当成小孩看待，那么就会让他们错失很多机会。

父母怎样对待孩子，孩子就会变成什么样的人。

从乾垺很小的时候开始，一有时间我就把家庭状况和经济理念一一讲给他听。正因为我不把他当小孩看待，才会给他讲这些。有人说："给这么小的孩子讲什么钱的事呀！"因此，他们避免给孩子讲一些金钱或是经济的话题。但是作为社会的一员，我认为给孩子说说这个社会运转的基础之一——金钱的运转，很有必要。其实，孩子已经到了可以充分接受这些的年龄，只是大人们不教他罢了。

在母亲眼中，孩子（特别是独生子女）只有永远躺在父母的怀抱中才能让人安心。虽然这种做法让父母安心，但对孩子却没有实质上的帮助。想让孩子取得成功，你就不要把他们当成小孩子。父母不可能一辈子都牵着孩子的手，因此你要教会孩子准备好在不远的将来，自己行走。也许孩子早已做好了这些准备，只是你不肯放手而已。

你的路，自己开辟

有这样一句谚语："牛有了自己的山坡才能反刍。"这句谚语常被人用来说明家庭背景较好或是有财力的人，要比其他人更加容易在社会上立足。

人们常常觉得需要让孩子有个"靠山"，但事实上对于孩子们来说，这会造成负面影响。在乾垺很小的时候，我就告诉他："不要总想着得到别人的帮助，你要成为别人坚实的靠背。"

大家族里有什么活动时，上了年纪的老人们就会把族谱拿出来，

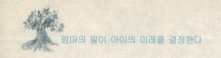

——列举哪代祖先做了宰相，哪代祖先做了判官。平日里，我也常看见一些张嘴就说自己和成功的人走得多近、自己关系网有多广的人。看见这样的场景，我都会感到不可理解。

因为，在我眼里，祖先做高官并不能成为我们炫耀的资本，个人的成功与幸福与认识成功的人毫无关系。我希望无论何时，乾埙都不要以家庭关系为荣，而要依靠自己的努力。所以我对乾埙说："你的路，自己开辟！"

因为父母看到孩子孤孤单单，大都会有一种歉意，所以什么事情都想替他做。但是这会让孩子产生"妈妈会做的"、"爸爸会帮助我的"类似的想法，因而不再努力进取。

我认为，如果乾埙想实现自己的梦想，那么无论遇到什么困难，他都应该自己去解决，而不是依靠别人。因为独立性和自尊心是非常重要的。所以，从小我就让他自己的事情自己做。

拥有这种态度的孩子与那些依靠父母的孩子将拥有截然不同的人生。孩子需要独自开辟属于自己的人生。让他去发展自己的领域，去开辟自己的路吧！这样，无论是在学习上，还是在工作上，孩子都能获得无穷的力量。

让孩子
在旅游中
开阔眼界

　　我常听人说，对孩子来说，没有比旅游更好的学习机会了。所以乾埙小的时候，我就经常送他去旅游。

　　在旅行中，脱离了自己所熟悉的环境，人们更容易客观地反观自身，并且还可以理解其他的人和文化。不仅如此，在面对新的困难和与新环境磨合的过程中，孩子解决问题的能力自然地得到了锻炼，独立意识也得到强化。

　　所以乾埙小时候，我不是把他送到乡下的亲戚家去待几天，就是让他参加海洋夏令营。每次暑假，他就去过野营生活。乡下亲戚家的厕所极其简陋，刚去时乾埙很不习惯。几天下来，他也不去厕所，直到忍得脸蛋发黄不得不去。几天后，他的脸就晒得黝黑。他学会了光着脚去河里抓鱼，完全变成了一个乡下孩子。参加海洋夏令营时，他就会去海边待上四五天。在那里扎营，自己动手做饭吃，有时还会进行极限训练。

　　虽然曾经因为中暑而受了不少苦，但是乾埙却因此交到了一些很好的朋友，独立性也由此增强。

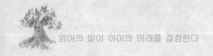

除此之外，每到周末，我们全家人会去钓鱼。有时，我们还会去庆州等文化遗迹丰富的地方进行短途的旅行。通过旅游，乾埙认识到自然的奇妙，也更加热爱自然。

不仅如此，我还送他去海外旅行。当时，送孩子去海外旅行或研修的家长并不多，因为它们需要一些特别的准备。更重要的是，它会让孩子放弃学校的假期补习课，因而的确是一件让人难以决定的事情。

听到老师说如果不上这些补习课，那么开学后的考试会对乾埙很不利时，我确实也很苦闷。但是一想到海外旅行是实现乾埙梦想的必需环节时，我就果断地下定决心送他去，结果令人十分满意。

乾埙去留学后，也去其他很多国家旅游。乾埙的很多朋友都来自其他国家。所以每逢放假，乾埙就会和他们一起回家，去体验各国的文化。

乾埙说，他去过东欧和东南亚的几个国家。在那里，他不仅玩得愉快，而且收获颇丰。从乾埙上小学 6 年级到出国留学，我一共 4 次送他去海外旅行。然而在送他出国旅行的前三四年，我就开始了非常周全的准备。

去哪个国家最好，怎样安排旅游，乾埙特别关心的领域和国家有哪些，跟旅行社出去的话，怎样安排日程，怎样筹措经费……所有能够参考的报纸以及书籍等，我都仔细阅读。看到所需的内容，我一定会剪辑下来。

大多数时候，我让乾埙跟团出国旅行。虽然父母一起去会更好一些，但是当时家庭经济状况却不允许这么做，所以只能让孩子自己一个人去。在这里，我把如何为孩子准备旅行的经验，向大家介绍一下。

适合孩子的旅行准备

第一次送乾埙去海外旅行，是他小学 6 年级放假的时候，我送他去加拿大。之所以选择加拿大，是因为我想让孩子切身感受世界之大。乾埙小时候看世界地图或者阅读有关世界文化的书时，就常常会想象世界到底有多大。听到要去海外旅行的消息后，他异常兴奋。

另外，虽然他学习英语的时间不长，但是对英语却兴趣浓厚，所以我想这对他学英语有帮助。去加拿大之后，乾埙第一次打电话回家。听他声音，我就知道看到新世界时，他是多么激动和高兴。

"妈妈，世界真大呀！但是就像以前来过一样，我感到加拿大很亲切呢！是不是我前世在加拿大生活过呀？"

"什么？你前世在加拿大生活过？"

"说不定呢！在这个地方，我想和遇见的每一个人说话。昨天还遇见了一位参加过朝鲜战争的老爷爷呢！"

听出孩子在这次旅行中如此愉快，甚至认为自己前世在加拿大生活过，我原本不安的心终于放了下来。通过这次旅行，乾埙切实地感觉到学习英语的必要性。这种愿望非常强烈，以至于睡觉时他都把舌头卷起来。第一次的海外旅行就让乾埙意识到了"世界如此之大"和"学习英语的必要性"，这真让我高兴。

后来在国中 1 年级，他又去了英国和法国。之所以选择这两个地方，是因为乾埙对世界历史，特别是对欧洲历史很感兴趣。这次旅行，我相信可以满足孩子的好奇心，也可以拓展他对西洋文明的认识。

在参观了法国的凡尔赛宫之后，乾埙打电话对我说："妈妈，有一件很奇怪的事，凡尔赛宫里没有厕所。那美丽的法国王后玛丽·安

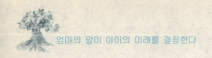

东尼该怎么办呢？"

"你今天去凡尔赛宫了呀！"

"是呀，今天时间不是很多，所以就分成了两组。但是其他孩子都去迪斯尼乐园了，只有我和其他两个朋友在这里。其他的孩子不来这里真是很可惜，这里实在是太棒了！"

"你怎么不和其他孩子一起去迪斯尼呢？"

"以前在书上看到凡尔赛宫时，我就很想来这里看一看，所以没去迪斯尼。"

有一句谚语叫"知道多少看多少"，这句话也同样适用于孩子。乾埙平时对欧洲文化很感兴趣，所以比起迪斯尼，他更想看一些欧洲文化遗迹。所以为了让旅游成为一次新的学习机会，特别是到文化中心旅游，你就很有必要事先把那个地区的情况详细地了解一下。

乾埙上国中 2 年级的时候，我送他去澳大利亚旅游。这是因为乾埙平时对建筑很感兴趣，经常看一些有关建筑方面的书和图片。小时候画画时，他也经常画高楼大厦。所以，我觉得去澳大利亚的悉尼看看建筑是一个非常好的机会。

在数次旅行之中，给乾埙留下最深印象的是国中 3 年级去美国犹他州的那一次。我选择犹他州，是希望孩子可以切身地感受一下大自然。当乾埙回来时，通过他的眼神和话语，我就知道他体验到了远比我期望的要多的东西。

"妈妈，我一辈子也忘不了在布莱斯峡谷看到的星星。"

"那里的星星是怎样的呢？"

"满天繁星，星光美得令人目眩。我在大自然的怀抱中，不知不觉地变得谦恭起来。"

在感受大自然的神秘和美妙的同时，孩子受到的感动也同样感染了我。乾垾也许想永久保留那天的感动，所以他在自己的房间挂上了梵·高的那幅《星月夜》。不仅如此，犹他州的旅行也使乾垾成熟了很多。旅游回来后没几天，他对我说："现在，我找到了自己应该做的事！"

"噢，跟妈妈说说行吗？"

"我明白了美国为什么能成为世界超级大国，而且也发现了它的潜力。这次旅行，我和一些年龄相仿的美国孩子们一起打工，从他们身上我学到了很多东西。当韩国的孩子乘飞机舒舒服服地去美国的时候，美国的孩子却是背着行李穿越沙漠独步旅行。那些孩子的耐心、勤劳、独立意识等等，真是很让人羡慕。就是那样的孩子，引领了美国的发展。"

"你这次真是受到了深刻的教育啊！"

"嗯，美国的孩子能做到的，我也能做到！无论去世界的哪个地方，我都要成为自己领域的领袖。"

通过旅游，乾垾更加坚定自己的梦想，而且也学习到如何实现的方法。他写了这样一段话：

　　旅游对我影响深远。虽然我现在还很小，但是加拿大给我留下了深刻的印象，让我积累了很多经验。通过这次旅行，我拓宽了看待世界的视角。我现在更喜欢加拿大了。

　　在英国和法国，我看到了西方文明的一角。澳洲的悉尼成为我记忆中的蓝色城市，蓝天碧海，还有那些美轮美奂的建筑。

　　美国的犹他州对我来说，是一个很特殊的地方，我永远也忘不了布莱斯峡谷那晚的星星。

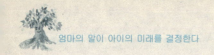

美国是一个了不起的国家，在去美国旅行之前，我对美国的偏见很多。但是现在，我终于明白为什么美国会有世界最大的公司，为什么美国会主导世界的经济。我真想再去美国旅行。

旅游让我看到了新的世界，接触到了很多新文化，让我从更宽更深的视角去看待这个世界。而且我认为正确评价、理解和借用其他文化的能力，在这个世界一体化的时代非常重要。

通过旅游，我能学到这么多的东西，真是一件值得感激的事！

从乾埙上小学到国中，我一直送他去海外旅行。对于我们这样的工薪阶层来说，它确实是一笔不小的开支。但是听到孩子所说的话，看到孩子所写的东西，我觉得那些钱一点也没白花。

如果能让孩子充满自信地说出自己的理想，如果能让孩子看世界的眼光更开阔，我觉得花再多的钱也值得。对乾埙来说，海外旅行已经充分发挥了作用。

提高旅游效果的几点意见

尽可能地和当地人相处

如果跟团旅游，你就会天天和一起去的人待在一起，因此和当地人相处的机会很少。但是要想了解一个国家的文化和历史，你应该花更多的时间和当地人在一起。

乾埙去犹他州旅游的时候，和美国小孩一起照相，闲暇时一起做饭，一起搭帐篷，还一起打工。正是因为和他们在一起，乾埙才幸运地游览了科罗拉多大峡谷这个自己原本不太清楚的名胜。受美国孩子的影响，乾埙确立了自己以世界为舞台，做一番大事业的梦想。

另外，和当地人融洽地相处，最大的好处就是能够树立说英语的自信。第一次搭飞机去加拿大时，乾埙就用英语和飞机上的外国乘务员对话。到了加拿大之后，他又和公园的警卫员、当地的导游、其他乘客等用英语对话。这让他对英语产生了自信，也弥补了自己不足的地方。

若想使海外旅行发挥最大效果，你就一定要尽量创造机会和当地人相处。当然，为了使英语水平不高的孩子不胆怯，你应事先对他讲一下海外的语言环境，给他一些鼓励。和当地人的相处不仅外语进步得最快，而且孩子还会学到很多其他的东西。

别给太多的钱

乾埙去海外旅行时，最让我放不下心来的一件事，就是不能给他足够的零用钱。送孩子去旅游已经很不容易了，所以我只能给他能满足他最低需求的钱。

事实上给孩子太多的钱去海外旅行对孩子没有任何帮助。听乾埙说，有钱的孩子们不是逛街，就是随便离开原本的行程去自由活动。在还不能赚钱的年纪，就大手笔地花钱，对孩子毫无益处。它会滋生孩子的虚荣心，让其在旅游地像小皇帝、小公主一样颐指气使。

送孩子出国，不是为了让孩子去逛街，而是为了让孩子学点什么。所以你应该尽量避免给孩子很多钱，避免让他们丢掉了学习东西的机会。

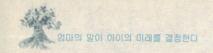

为写游记作好准备

为了使旅行变成有意义的回忆，写游记很有必要。旅游可以体验平常所体验不到的新鲜事物，会产生平常所没有的感动、见解。如果当时不记录下来，你以后再去想当时看见了什么，有什么感想，其实非常困难。

旅游本身是一个很好的学习机会，但仔细去体味每一个过程，你会收获更多。所以你最好在便签纸上记下当时的感受和得到的信息，每天睡觉前再整理一下当天的日程。

旅行后的整理很重要

旅游之前，乾埙需要自己准备的东西不多，我会根据他所关心的事物来加以准备。但是旅行回来之后，乾埙则会把整个过程仔细地整理一遍。我并没有要求他这么做，这完全是他的自发行为。在我们看来，做到这样，他确实很不简单。

也许是想长久珍藏旅游带给他的感动吧，每次回来乾埙都会整理旅游日记。在他的旅游日记上，详细地写着什么时候和谁在一起，去了什么地方，做了什么事情，有什么感受以及有哪些不明白的地方等。回到家中，他再查找相关的数据进行补充。

在法国旅行时，他对凡尔赛宫没有洗手间一事非常奇怪。后来他自己整理资料时，写了这样的游记：

奇怪，凡尔赛宫为什么没有厕所？建造宫殿的法国国王路易十四召集了5 000法国领主来这里居住，但是当时的厕所又脏又乱，所以没有建。真是无法想象这么多人，究竟是怎么解决排泄问题的。

关于这个问题，有好几种推测，如人们可以在宫殿里不易觉察的隐蔽处，或是庭院的树丛中、树底下解决等等。但是有意思的是，据说路易十四之所以从卢浮宫搬到凡尔赛宫来居住，就是因为卢浮宫满是排泄物，国王再也无法忍受，才搬到凡尔赛宫的。

高贵的王室和贵族、美丽的贵妇人们，居然住在没有厕所、逐渐变脏的宫殿里，真是出人意料。原来在电影上或书上看到的华丽的欧洲，居然也有这么一面啊！

在这篇游记的旁边，还贴着旅行中的照片，或是当时写下的小便条。这时，在当地写的小便条就派上用场了。有时，乾埌还会熬夜整理这些便条。奇怪的是，从那以后，他开始用英语写游记。通过这种方式，乾埌的英语不知不觉中有了很大的提升。

培养孩子的包容心

　　去犹他州旅游的时候，乾塴曾在当地一个信奉摩门教的家庭寄宿。周围的朋友听说乾塴住在一个信奉摩门教的家庭时，都很担心地劝我说："怎么能把孩子放在那样的家里呢？你赶紧让他回来吧。"

　　这是我没有意料到的事情。但我从不认为摩门教是异教，况且孩子在那边过得很好，是异教还是正教，又有什么关系呢？所以我并不在意周围人的劝告。一起去教堂的邻居这么对我说："要是乾塴成了一个摩门教徒，你该怎么办？"

　　虽然我很感谢他们对孩子的关心，但是我觉得真的没有什么关系。在信仰自由的这个世界上，即使乾塴成了摩门教徒，那又怎样呢？从犹他州回来后，乾塴还真的带回了那家人送的礼物——一本摩门教经书。有空的时候，他还会很认真地翻看。

　　虽然我们全家都是基督教徒，乾塴也受过洗礼，但我还是决定尊重孩子的想法和意见。虽然他也去过几次摩门教教堂，但是最终还是回到了以前的信仰生活。

　　我送乾塴去旅行，是希望他可以接触不同的文化。因为要成为国际精英，你必须具备理解和包容不同文化和不同思想的能力。

如果我不让他看那本经书，不让他去摩门教教堂，后果又会怎样呢？虽然从长远看来，他依然会像今天一样做个基督教教徒。但是，那样做的话很有可能会让他错失理解文化差异，与不同信仰的人和谐相处的机会。

乾塄敞开幼小的心灵来接受新事物，按照自己的方式来消化吸收新的文化。直到现在，如果乾塄在路上遇见年轻的摩门教教徒，他都会高兴地和他们打招呼、交流。这时，我知道乾塄已经具有了包容其他文化的宽广胸怀。

世界是广阔的，生活着各种各样的人。不同的地理环境、不同的文化和历史、不同的皮肤颜色、不同的理念……只有相互承认这些差异，你才能理解这个世界，进而引导世界。

去留学后，乾塄和不同国家的孩子结下了深厚的友谊，留学生活也比较顺利。对此，我充满了感激。在留学初期，乾塄之所以能够很快适应国外生活，是因为他具有快速理解和适应不同文化的能力。

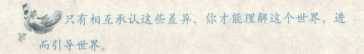
只有相互承认这些差异，你才能理解这个世界，进而引导世界。

有时，我会去英国探望乾塄。到了他的住处之后，我打开电冰箱一看，发现里面塞满来自不同国家的食物。乾塄告诉我，全部是朋友的妈妈们给的。

乾塄常常去离校很近的朋友家玩，并且总能首先受到妈妈们的热烈欢迎。之所以受到欢迎，很重要的一个原因就是不管吃到什么

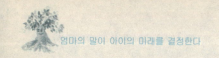

食物，乾埙都会竖起大拇指说："哇！太好吃了！"

对妈妈们来说，看到别人对自己做的食物大加赞赏，并吃得津津有味，是一件多么值得高兴的事啊！所以每当乾埙离开时，妈妈们都会将自己做的食物打包送给乾埙。

所有专家都预测在未来社会里，国界的概念将会逐渐淡化和模糊，世界各国将会变得更加紧密。那时，要想成为一个引导社会的精英，就必须具有承认和包容各种文化的品性。

为了培养这种品性和能力，通过旅游来接触各种文化或者读一些关于其他国家和历史的书籍是必需的。此外，我认为理解其他文化最好的方法就是学习外语。因为，语言是一个国家文化、历史、人们的生活习惯和思考方式的集合体。

我们应该具备很多能力，其中尊重不同意见的能力最为重要。而要培养孩子这种能力，父母需要与其进行沟通。

我从来没对乾埆说"你快学习吧"之类的话，因此当其他孩子都能识字读书上小学时，乾埆却还只会写自己的名字。与那些入学前就已经识字，并且初学了数学、音乐、美术的学生相比，乾埆的学习成绩自然很糟糕。成绩单上"良"和"可"居多，而"优秀"却很少。

丈夫看了成绩单后，失望地责备我说："孩子的成绩这么差，怎么能不管呢？"孩子的学习成绩如此差劲，你不送他去补习班，反而让他成天玩乐。看到这些的人也许会觉得我是"真是不关心孩子教育的母亲"或者"毁了孩子的妈妈"。

实际上我并不担心，因为我觉得对小学的孩子来说，玩乐是最重要的。送孩子上小学，我有自己的几条原则。

首先，孩子要健康。我认为学习是终身的事，从小你就应当增强孩子的体力，使其在任何时候都精力充沛。一般来说，孩子很小的时候都会有点病恹恹，入学时才逐渐变得健康。作为母亲，你才能放下一桩心事。但是，维持孩子的健康和体力还是需要花费工夫。

第二，**学习英语**。其他的学科可以先放一边，但是英语却是越早接触越好。孩子从小怀有以世界为舞台来活动的梦想，所以使其对英语建立自信比什么都重要。

第三，**让孩子尽兴地玩**。因为通过玩耍，一方面孩子可以学到很多重要的东西，比如人际关系、自然的亲和力、思考能力以及判断力等；另一方面，就现在韩国的教育制度来说，小学毕业之后学生基本上就没有玩乐的机会了。但我觉得只要有鲜明的人生目标，那些尽兴玩乐的孩子在学习上反而会更加刻苦。

通过当时和周边比较亲近的母亲们的谈话可以得知，多做几张练习题，多上几个补习班，并不能提升孩子的实力。但即使如此，她们也要勉强孩子学习。理由是："别人都那样做，我要是不做的话，心里就会很不安。而且现在让孩子学习，不是为了让他学到多少新的东西，而是让他养成学习的习惯。"

但是，我觉得孩子如果自己喜欢看书的话，便不用担心什么学习习惯的事。我相信安静地坐下看书，比上补习班、做练习题更有效果。

所以，一有时间我就和乾埻相对而坐读书。临近考试时，我也不会特意让他做练习题和请家教，所以他的成绩常常很糟糕。但是乾埻读书的时候有很强的集中力和意志力，所以我也不是很担心。因为我相信这样尽兴地玩，努力地读书，积累"读书潜力"，总有一天，孩子会自己感到学习的必要性，进而发挥自己的能力。

因此不去盲目消耗孩子的潜力，相反帮助孩子提升这种潜力，是做母亲的职责。

我对乾埻的这种态度，是源自于我自己的切身体验。

学习不能勉强，只有当你感到有学习的必要性时，才能发挥自己的能力。

小时候，我是有名的调皮鬼：不做作业，每天只知道和小朋友们一起玩乐，天黑了才不情愿地回家，所以我的学习成绩一塌糊涂。但即便如此，母亲一次也没有强迫我学习，而且每天都会带着热乎乎的饭菜去教室门口等我。

但母亲毕竟还是很担心我的学习，于是有一天，她在家门前的空地上新盖了一间房子。她请我们学校的老师去住，目的是想让老师辅导我的功课。但虽然有老师的辅导，我的成绩还是没有起色，最后我也没有考上初中。

当时班上绝大多数的孩子都上了初中，我便觉得自己肯定是倒数第一名了。于是我又重读了一年，并最终考上了初中。从那时开始，我就有了努力学习的决心，第一次考试就考了全班第 2 名。

以后不管是在初中还是在高中，我便真正地开始好好学习，有时甚至为了能到教室里去念书，我和一个朋友两人会翻墙进去，念书念到很晚才出来。

就这样，母亲为了我的学习，在并不宽裕的经济状况下，居然另盖了一间房子让老师来住。尽管她如此地用心，不过对念书不感兴趣的我却辜负了她的期待。

但小学升初中时的一次失败，却让我感到了学习的必要性，即使没有别人的期待或是强迫，我也会埋头学习。

那时的经验让我认识到："学习不能勉强，只有当你感到有学习的必要性时，才能发挥自己的能力。"所以，我认为比起让乾埙学习的唠叨来说，让他树立自己的梦想更加重要。我相信只要有了理想，并且有实现理想的意志，就能产生学习的动机；只要有动机，总有一天孩子会主动去学习的。

小学时的乾埙并不是一个受人瞩目的孩子，也很少得到别人的夸奖。但是自从他去加拿大回来之后，就像变了一个人似的。在他身上，你能够感觉到那种只有知道自己将来要干什么的孩子才有的活力。更重要的是，他的眼睛里充满求知的欲望。

刚上国中时，他自己就说："上国中后我要努力地学习，我好像明白了为什么要念书了。"

虽然为了使他不丧失信心，从乾埙上国中开始我就一直对他说："你上国中后一定会做得很好！"但是，当听到乾埙说要努力学习的话时，我心中的喜悦真是无法形容。

而且正如乾埙所说的那样，他真正努力地去学习。即使是大热天，他也在自己的房间里一连念上几个小时的书，甚至有时候衣服也会湿透。

就这样没过多久，国中的第一次考试到来了。乾埙取得了比预想的要好得多的成绩。平均94分，班上第2名。小学时50个孩子中考45名的乾埙，一下子居然取得了如此好的成绩，周围的朋友们，也包括乾埙和我，都大吃了一惊。

"妈妈，原来只要学习了，就能取得好成绩是真的呀！"

就这样，对学习建立了自信之后，乾埙的成绩始终维持在班上前几名。因为乾埙的汉字和家庭科目很弱，所以即使其他科目得了最高分，还是很难取得第一名。但对于意识到学习的必要性和建立自信的乾埙来说，学校的学习已不再是一种障碍了。

如果在乾埙还没有意识到学习的必要性，也没有产生学习欲望的状态下，就强迫他学习的话，或许他的成绩会有所上升，但就孩子的整个人生观而言，寻找到学习的动机要比提升成绩重要得多。

学者们说，人脑分为两部分：一部分是天生的，另一部分则是接受周边环境的刺激而后天形成的。先天的部分源自父母的遗传，不能改变，但后天形成的部分，则根据努力程度的不同，会产生很大的差异。

小时候接受教育性的刺激越多，人脑就越灵活。但千万要记住一个事实——积极活动所带来的刺激会对大脑产生正面的影响，消极的刺激则毫无用处。换句话说，只有本人自主进行学习，自发地接受教育刺激时，头脑才会变得更加聪明，学习才会更有效果。

所以，想要提升孩子的学习，你首先应该让其找到学习的动机。意识到学习的必要性后，无论到哪儿孩子都会学得很好。乾埙并不喜欢所有的科目，但是自从找到学习动机之后，他也开始努力地学习那些不喜欢的课程，最终也品尝到了学习的乐趣。

送孩子去留学的父母经常会说一句话："在这里学习好的孩子出去也一样。"关键在于有没有找到学习的动机。无论在哪，意识到学习的必要性才是最重要的。

培养孩子的表达能力

乾埙所毕业的拉格比高中，在英国是门槛很高的名门学校。据说为了让孩子入学拉格比，在英国父母从孩子2岁起就开始作面试的准备。所以，作为一个东方国家的孩子，乾埙这样一个平凡家庭的孩子，去英国几个月后就能在拉格比上学，这让英国人很吃惊，也让熟悉英国情况的国人深感好奇。

和其他学校一样，拉格比高中的入学考试也分为成绩审查、面试和笔试三部分。因为在原来学习的莱顿公园学校，乾埙的成绩就很优秀，所以成绩审查很顺利地就通过了。

而关于笔试，有关人员说它不是只要作了特殊准备就会取得好成绩，因为孩子们学习都十分用功，所以并没有很大的差异。报考拉格比高中的孩子大都成绩优秀，学习热情也很高，所以因为笔试而落榜的概率很小，关键在于面试。

面试时，面试官们最常问的是孩子们的动机。最重要的是"你为什么要来拉格比呢""来这里想学什么呢"。在这一环节中，乾埙表现最为突出。他很清楚自己为什么来这所学校，并且能够表达出来。不精练也好，很单纯也罢，这些都不重要。重要的是，你想在那里学习的热切希望以及竭尽全力的意志。

面试官这样问乾埙："在众多的学校中，你为什么会选择拉格比呢？"

"因为它很有名。到有名的地方学习，你能学到更多和更好的东西。而且在拉格比高中里，不是能见到很多优秀的人吗？所以我想在那里见到很多这样的人。"

"很好。但是你为什么离开韩国呢？在那里的学习成绩不好吗？"

听到这样的问题时，乾埙知道面试官想看的是他的反应，因为面试官已经通过数据知道乾埙的成绩很好。

"不是因为在韩国的成绩不好，而是因为我想得到更多机会。"

听完乾埙的回答后，面试官脸上露出满意的笑容。如果乾埙回答"虽然在韩国的学习也不错，但是父母让我来这儿，所以我就来了"的话，恐怕他与拉格比的缘分就到此结束了。

搭飞机远渡重洋来参加面试的孩子们，对新的学习都充满热情。但即便如此，有的孩子能够面试成功，顺利入学；有的孩子则因为面试而名落孙山，原因是什么？原因就是这些孩子不知道如何表达自己。因此，父母有必要从小就教会孩子如何深刻表达同一意思，教给他们有效地表达自身想法的方法。

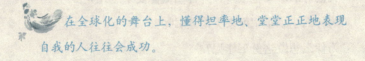

在全球化的舞台上，懂得坦率地、堂堂正正地表现自我的人往往会成功。

如果想去英国或是其他国家留学的话，你至少应该清楚肯定地回答出以下问题：

"为什么选择这个学校？"

"为什么想来英国留学（或其他国家）？"

"为什么离开韩国？在韩国的成绩不好吗？"

"毕业之后想做什么呢？理想是什么？"

清楚地回答这些问题非常重要，因为它不仅是面试所需，而且是成功地迈出留学的第一步所必须解决的问题。

除了这些基本问题外，对于其他问题你也要有自己的见解。这一点也非常重要，因为想进入名门私立学校，义务劳动、旅行、运动、打工等经验的积累固然重要，但对这些经历有自身的见解也同样重要。

为什么做义工活动，你感受到了什么？为什么要打工……对于这些问题，你都要有自己的想法。无论再好的经历，如果回答说"别人都说好，所以我也去做了"或"父母劝我这么做，我没有什么特别的想法"，这将毫无用处。

即使成绩有所欠缺，若能用妥善的理由解释原因，说服面试官的话，你也可能会合格。因为面试官们所认为最重要的，是你对学习的动机和意志。从乾埙的经历里可以看出，这些问题不仅在学校，而且在就业时也经常会遇到：

"其他好的公司也很多，为什么偏偏要来这儿呢？"

"为什么小小年纪就来英国读书呢？"

"为什么想做这份工作呢？"

虽然在面试时，公司要依据人品和工作所需要的才能而定，但是在很多拥有相似才能的应聘者中，它只能选择几名。这时最大的标准，就是你对工作的热情有多强烈。我们不熟练如何坦率地表达自己，但是在全球化的舞台上，懂得坦率地、堂堂正正地表现自我的人往往会成功。

　　所以，从小你就给孩子表达梦想、欲望、渴求的机会吧。如果不表达出来，再强烈的动机也无法表现。而这其中你首先要做的是说服自己，因为如果连自己也说服不了，你就无法去说服别人。

培养
孩子的
勇气

迎接新的挑战，做一些平常人认为不可能的事情是年轻人的特点。若在挑战面前孩子们犹豫不决，那是因为他们没有激发自己的勇气。我相信人发展的原动力，来自勇于挑战困难的精神。

在经历了很多事情之后，大人们知道了并不是所有努力都能成功，相反失败的时候更多。因此在他们看来，孩子们的尝试有时很盲目，将徒劳无功。

但是我认为进行新的实验、挑战困难，即使没有得到预期的成果，这个过程本身就能使孩子们学到很多。有时，失败比成功教给人们更多的东西。所以有时虽然我明知道乾埙的选择很冒险，但我也不会去阻拦他。记得当乾埙拿着打工赚来的钱去投资股票时，我没有劝阻他。

在 Daks 商场打工的那个暑假，乾埙在附近的一家咖啡厅遇见了一位名叫史蒂芬的先生。听乾埙说，他教给乾埙一些有关实务经济的知识，还向他推荐了几本好书。暑假快结束时，我接到了乾埙打来的电话。

"妈妈，我想把打工赚来的钱直接用来投资，熟悉一下实战的感觉。妈妈，您认为怎么样呢？"

"你为什么会有这种想法呢？谁提议的？"

"啊，是上一次我向您提到的史蒂芬先生。"

"原来是这样。不过，这有点突然……让妈妈考虑一下。"

"既然要做的话，我打算下个学期休学去打工，用赚来的钱一块儿投资。"

乾埙没有一点投资经验，也不清楚史蒂芬是一个什么样的人，所以我很想阻拦他。但是听到孩子如此急切的声音，我不忍心就这么一下子否决他。于是，我很委婉地对乾埙说：可以用假期赚来的钱投资股票，但是不能休学。

最终乾埙用赚来的钱去投资股票了，但却血本无归。虽然有时我会想乾埙会不会是被那个叫史蒂芬的人给骗了，才会导致投资失败。但是转念一想，这次乾埙学到了很多关于人和社会的知识，因此也值了。

人的一生中，不能如愿的时候很多，因此你要有克服这些困难的能力。

无论成功还是失败，如果能让年轻人积累经验的话，那都是一件非常幸运的事情。虽然通过成功，人们可以学到很多东西；但是经历失败，你也可以学到很多知识。况且年轻时的失败，还会为你将来战胜失败和苦难提供力量。我希望毕业之后，乾埙可以在投资市场这个炫目而又冷酷的地方保持坚强。为此，我觉得他需要更多的锻炼。

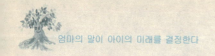

不久前在一本书上，我看到这样一段对话：有人问一位年轻的欧洲作家：“你成为作家的最大动机是什么？”

他这样回答：“这是一个奇迹。我花了6年的时间寻找出版社。虽然一些出版社完全不理睬我，但是我从来没有想过放弃。在这6年里，我坚信总会有一天，好事会降临。”

大学毕业之后，乾埙应聘了50多家公司，参加了100多次面试。在英国，金融业被认为是前景很好的职业，所以竞争异常激烈。大部分人面试一两次就觉得非常困难，但是乾埙却面试了上百次，确实罕见。

毕业于名门学校，乾埙进入年薪很高的好公司工作，这让我很自豪。但更让我骄傲的是，在100多次的面试中，他一次也没有放弃。像第一次考试一样，他每次都毫不懈怠。

当然，有人从一开始就很成功，有人一开始就在最好的公司上班，也有人一开始就写出了畅销书，这些都是值得骄傲的事情。但与这些值得骄傲的人相比，那些年轻时经历失败和挫折后最终获得成功的人也毫不逊色。人的一生中，不能如愿的时候很多，因此你要有克服这些困难的能力。

把失败当做寻找自己不足之处的机会，这样的人最后一定会成功；而惧怕失败的人，一定不会得到发展。成功固然好，但是从失败中学习的态度能使一个人变得积极乐观。

给孩子们挑战困难的机会吧！尽管在大人眼中，他们的选择也许是很盲目或者将徒劳无所得。然而对孩子们来说，他们不应该回避挑战，而应该迎接挑战。

强者的最高美德是谦逊

在美国职业橄榄球赛的决赛"超级杯"中，成为 MVP 的海因斯·沃德被认为是最谦逊的队员。虽然特别受大众的欢迎，但他始终保持着谦逊的态度。

在 MVP 授奖仪式上，他说："多亏了队友们传给我好球，不然我无法进球。"沃德这种谦逊的态度，据说是从他母亲那里学来的。

沃德之所以有着不把自己放在第一位，始终想着队友的美德以及舍弃自我、顾全大局的牺牲精神，是因为他具备从小就从母亲那里学来的谦虚精神。

即使儿子成为体育明星后，沃德的母亲依然在他毕业的高中餐厅里工作。并且她从不因此感到羞愧，反而担心自己不能再做这份工作。

作为父母，应该教育孩子自信、堂堂正正地做人，同时还要教

导孩子拥有谦虚之心。

谦虚并不是自信的反义词，而是自信的同义词。它们不过是不同的字眼罢了，因为只有真正的强者和自信之人才拥有谦虚这种美德，而卑躬屈膝和自卑的弱者毫无谦虚可言。

树立了投资家的理想之后，我就时时教育乾埙一定要保持谦逊。因为我觉得年纪轻轻就接触很多钱，人可能容易在不知不觉中变得骄傲自大。而倘若办不好事情，人则很容易变得沮丧。但是谦虚的人却不以物喜，不以物悲。所以在乾埙留学期间，我常常写信叮嘱他一定要学会谦虚。

乾埙：

　　现在这里已是夏天，太阳伞也已派上用场了。人出去一趟，脸就会变得通红，跟成熟的苹果一样。近来，国内的股票价格上升了不少，这时应该用什么样的投资方法呢？

　　你觉得优秀的基金经理应该是一个怎么样的人呢？在证券界中，人们对那些一夜暴富，或是因为某一个赌注而出名的人的评价不高。相反，那些与市场大起大落保持一段距离，能持续提升收益的人，往往能得到很高的评价。因为那些人知道市场的可怕，并具备谦虚和谨慎之心。

　　量子基金的创始人乔治·索罗斯代理英国中央银行进行投资时曾经遇到这样的一件事。

　　英国有位年轻且默默无闻的基金经理，10年内没能取得大的成绩。一次偶然的机会，他和索罗斯做了相同方向的买卖。结果两周内，公司获得了巨大收益，他也成了公司的英雄。

在这种情况下，公司应该给他什么待遇呢？答案是解雇。理由是，能让公司在一夜之间大赚的人，给公司带来巨大损失的可能性也极高。并且从长期看来，他的业绩并不会比别人好。

总之，做人要谦虚。如果因为几次成功的投资就骄傲自满的话，那么你将会带来无法想象的巨大损失。你也知道妈妈的座右铭是"谦虚"吧？我们乾埌成为了知名的投资家也好，爸爸工作顺利赚很多钱也好，妈妈都不会因此而自满。

昨天国内股价指数期货市场的大亨看跌期权，以低价卖出期货，导致8兆韩元中损失了20亿韩元。而投机者们又将低价购入的期货高价卖出，发了一笔横财。瞬间的粗心和失误就会导致巨大的损失，这不就是所谓的投资市场吗？

妈妈恳切地希望乾埌进入投资市场后，不要失掉判断力和谦虚之心。不仅是在经济领域，而且在其他任何领域，你都不要忘记最基本的态度——谦虚。

爱你的妈妈

无论学习什么，谦虚都是一种很重要的品德。尤其在面对那些看上去流于形式或者无用的学习有诸多不满时，年轻人更需要谦虚的品质。

无论多么伟大的事业，都是从一点一滴做起。若明白了这一点，你就会更容易地去接受学习。在本该学习如何做一个谦虚的人的年龄，乾埌离开了父母，所以我常常写信告诉他我的想法：

乾埌是上帝特别宠爱的一棵"大树"。在这个世界上，如果畏首畏尾的话，你就不会成功；如果惧怕失败，你甚至不可能开始做一件事。你不要成为这样的傻瓜。

倘若勇于挑战失败，以后你就会尝到成功的无限喜悦；倘若一直保持谦虚，你就会成为一个真正的强者。

妈妈希望乾埈可以赚很多的钱，做很多的好事。但是现在为什么要去学校学习一些对赚钱无用的东西呢？把学费作为本钱去投资的话，不是能赚到更多的钱吗？

错了，为了成为根深的大树，你就要先使地下根茎结实。乾埈也一样，要成为一个真正做大事的精英，你首先就要充实自己。千里之行，始于足下，你一定不要忘记这个道理。

我希望你不论多小的事情，都要尽力做好。记住，那是你实现自己伟大理想的第一步。

乾埼的蓝色笔记
——成功的国际金融家所需的资质

沟通的技巧

任何领域，有效地传达自己的意思和想法的语言表达能力非常重要。我所工作的金融领域尤其如此，因为这里并不以上下等级关系为中心，而是以平级的关系为中心，所以人际关系非常重要。

什么情况下理直气壮地表达自己的想法，什么时候考虑对方的立场，面谈时应该怎么说，发电子邮件或是在电话中又应该怎么说，这些都要加以区分。

我认为这种能力要从理解和尊重对方中获得，并且需要把握好整体的氛围。

团队精神

听说我在国际投资金融公司工作，许多人都认为只要我自己有实力就可以了。但实际上，团队工作非常重要。有时你要引导整个团队的氛围，有时又要使整个团队有活力地运作。最重要的是，为了团队的共同利益，你能将事情做得完美。

所以为了自己的团队，为了整个公司能取得良好的成果，作出自己的贡献非常重要。

在外国公司里，学生时代在体育团队里积累的经验备受

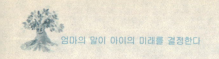

重视，这是因为团队工作经验很重要。

我也很喜欢体育运动，还参加过体育队，曾经担任过击剑和柔道部的组长。在面试中回答关于团队精神的问题时，那时的经验确实给了我很大的帮助。

对外来文化的尊重

倘若有人来到我的办公室，他就会马上感觉来到了一个"人种"百货商店。因为在征选职员时，公司几乎不限制肤色、性别、年龄、出身以及国家等因素。

在这里，对待所有的人都应一视同仁。无论男人还是女人，黑人还是白人，年老还是年幼，你都应该一视同仁，不卑不亢。但是和来自不同文化圈的人一起工作，有时小小的失误也会带来很大的误会。

在贸易部曾经发生过这么一件事。有一天，以色列发生了大地震，人们都预测这会给以色列的股票交易带来不良的影响。这时，有位同事开了一句玩笑："犹太人口袋里的金子恐怕要损失了！"

一听到这句话，我马上看看四周是不是有犹太人同僚在。上司虽然不是犹太人，但听到这句话后，马上正色道："如果以色列人民听到那句话，会怎么想呢？以后请注意一点！"

事实上，不相关的人听了之后会一笑置之，但是如果有犹太人在，听了则会很不愉快。

和持有不同政治观念的人一起工作，你会接触到世界上各种各样的问题，所以尊重和理解他国文化既重要又必须。当然在尊重他国文化的同时，你也要以自己国家的文化为自豪。

第一次来到英国时，有朋友问我："韩国？就是那个吃狗肉的国家？"那时，我笑着反问："听说你们吃马肉？"就像我们尊重其他文化一样，我们的文化也应受到尊重，但是不要过于计较文化差异引起的矛盾。如果遇到这样的情况，你只须稍微反驳一下，然后一笑而过。

注重细节

迄今为止，我所做的最小交易数额是 500 万美元。最多的一次，则是上千万美元的交易。有时，我也会因为小小的失误或者错误判断造成数亿美元的损失。因此，无论多小的事情或是业务，它都需要你非常慎重地去处理。

不久之前，我的一位同事因为计算错误造成 250 万美元的损失。从中，我学到很多东西，我明白在因失误跌倒时应该再爬起来，继续学习。

平和之心

如果有失误，部门的前辈们就会站起来责备："呀！不是要你小心点吗？"

"你要是再那样工作，干脆别干了！"

每次听到这样的话，我心里都会感到很凄凉，也不想再

127

解释什么。其实就算没有前辈的责备，交易中的损失也会让自己很难过，并且一肚子火气。

但是，这种情绪不能持续5秒钟以上。将心态放平稳，挽回损失才是上策。如果不这样做，而是跑到洗手间独自流泪，那将毫无益处。

做交易，赚钱赔钱是很正常的。赚钱时不张狂，赔钱时也不灰心丧气。一定要有今天我赔了，明天我还能赚回来的心态，并继续努力。

不断学习的意志和热情

在韩国人眼里，承认自己不知道某件事情是一件很丢面子的事情。但是实际上，不懂装懂才最该惭愧。因为向人请教，绝对不是件丢人的事情。

刚进公司时，我就曾因为不懂装懂，丢过一次脸。那是在做完一段长长的说明之后，上司问我是不是都听懂了。因为觉得回答不懂的话，我将会很没面子。所以我就说："Yes。"于是上司立即要我再做一遍，我却没能做出来。

于是，上司发火说："明明不知道，为什么却要说知道呢？"我当时确实感到十分尴尬和惶恐。还好站在旁边带我的前辈悄悄对我说："不知道的东西就要诚实地说不会。"然后又给我一次学习的机会，我才过了这一关。

这时我又一次感觉到，无论何时何地，不断学习的态度真的非常重要。

金融界需要学习的东西真的很多，不仅如此，你还应该学习其他领域的业务，从而扩大自己的所知领域。往往只有有这种意识并且落实到行动的人，才会成功。现在我正做着自己想做的事情，进行着直接的市场交易，但是以后我还想学习和积累其他市场领域的经验。

要表现得专业

虽然我只不过是一个新来的小职员，但是每次在市场上交易、会见顾客时，我都会把自己想象成公司的代表、领域里的专家。

像公司董事长一样地思考、行动，不知不觉间，我扩展了视野，心态也因此端正，事情也进行得更顺利。

热爱工作

坦白地说，我很欠缺以上所说的这些资质。但与前辈们相比，我对工作的热忱却毫不逊色。面对大量资金的流动，金融界职员的工作压力很大，业务负担也很重。但这也是一个有趣和充满活力的行业。

虽然工作时需要100%集中精力，但是其他时间你却可以缓解压力。在USB工作时，曾经有这么一件事。

那是一个星期五的下午，我们无聊地守在办公室里。因为周末没有交易，所以星期五下午大都很空闲。而且星期一是美国的公休日，因此周五更加清闲。无聊间，我突然想到

129

一个很有意思的主意，于是站起来大声说："现在衍生金融工具即将开始。我能吃多少个麦当劳的炸鸡块呢？请感兴趣的人来回答我的问题！"

一时间，数十人聚在一起进行交易。1个小时内没有饮料，我能吃多少个……众说纷纭，最终结果是45个。

他们打赌如果我能吃45个以上，那么每超过一个，每人就要给我5英镑。于是有人就买回60个炸鸡块放在我桌上，所有的目光都集中在我身上。

稍微有点饿的我，开始津津有味地吃起来。但是等到吃到第30块时，我就感觉很腻了。吃到第40块时，我已经确定自己1年内，连鸡的味道也不想闻了。但是为了获胜，我还是勉强吃到了第45块。

但奇怪的是，一达到目标量，我就产生了吃到60块的欲望。吃到第55块时，我感觉就要吐出来了。但是一想到吐出来我就要倒贴钱，于是我就拼了命似的把60块全塞进了肚子。

就这样，那天我得到了一笔不小的钱，原本无聊的办公室也充满了活力。

从某个角度来讲，我从事的工作有不少困难，也会让人心生畏惧。但是从另一个角度来讲，它却是很有趣并且充满活力的工作。对于那种只有在工作的最前线才能感受得到的紧张和朝气，我非常喜欢。

如果不热爱自己的工作，你就很难战胜业务上的压力和

重负。所以如果想长久做下去，并且在这个领域获得成功的
话，你就必须学会从自己的工作中寻找乐趣。

第4章

教育三重唱

　　法国作家派纳格是个读书狂，他曾经列举过"快乐读书原则"。其中有一条是"沉默原则"，即读完书之后，人们没有必要做任何的笔记或者判断，而应该单纯地去享受读书所带来的乐趣，并且有对这本书不发表任何言论的权利。

　　我认为孩子们也有读完书之后保持沉默的权利。因为繁重的读书笔记或者妈妈的提问而失去读书兴趣，是不可取的。

喜欢
读书
就成功了
80%

乾埙上小学时，其他孩子都是同时上着好几个补习班，做着好几份补充教材，而他却是一路玩过来的。其他孩子的妈妈都很奇怪地问我："乾埙妈妈，你不让孩子学习，怎么还能这么从容啊？"

虽然没有让孩子上补习班，但其实我也没有忽略孩子的学习。我认为，让孩子热爱学习的最好办法就是读书。

在别的孩子去上补习班的时候，乾埙不是玩，就是在家读书。所以我想，只要孩子能够喜欢读书，在学习上就没有什么可担心的了。

学习不仅仅是为了考试，而是为了获得一种正确的思维方式。要形成利于学习的思维方式，我想没有比读书更好的方法了。通常而言，大家都认为读书只对写作或者文科类课程有所帮助。但是其实，读书还有更多的好处。在乾埙的成长过程中，我深深体会到了它的重要性。

读书能够培养孩子的学习能力

如果孩子喜欢读书，很多人就会说："不用担心语文成绩了！"但是事实上，读书不仅对语文学习影响深远，而且对其他领域的学习都大有益处，因为读书让人学会思考。

虽然孩子只要按部就班地跟着别人的脚步走，也能够取得好成绩。但是无论是做大量习题而取得好成绩，还是遵循补习班老师所制订的学习计划而取得高分，那都不是自主性学习。而且如果没有合适的条件，这种被动性学习也会很难继续下去。与此相比，读书则是一种积极的自主性学习。

为了理解和感受一本书，思考是绝不可少的。因为如果不是自主读书的话，即便再好的书，你也无法看下去。无论学习什么，通过读书来锻炼思维能力的孩子都会很快上手。况且，由读书带来的获得知识的喜悦感也会激发其自主学习。

读书还可以培养注意力。有的孩子坐在书桌前，连 10 分钟也坚持不了。有人说："学习是用屁股坐出来的。"这句话很有道理。有的孩子只要坐在书桌旁，注意力就会惊人地集中，耐力也异常地持久。这就是所谓"屁股重"的孩子，他们往往会在学习上取得很大的成功。

乾埈属于那种能够持久努力的孩子。所以，我相信乾埈的这种努力必定能带来收获，并为之骄傲。因为要想学习好，高度集中的注意力和耐力是必需的。

无论就韩国还是其他国家的教育制度而言，持续学习的时间至少在 12 年以上。在这个过程中，只看眼前成绩是不可取的。为了取得成功，你必须对学习有正确的认识。最重要的是，你要长久保持

学习兴趣。让孩子自主学习，并从中获得求知的喜悦，我觉得再没有比读书更好的办法了。

读书可以建立对话的桥梁

对话能够让父母了解孩子，并将他们引向正确的方向。

很多人抱怨随着孩子的成长，他们与孩子之间的对话越来越少；很多母亲则担心到了小学三四年级，孩子就只会和朋友玩，只会向朋友诉说心事了。

虽然拥有自己的独立空间，是孩子成长的证明。但为此高兴之余，父母也深感惋惜，因为很多想和孩子一起做的事情都将难有机会实现。幸运的是，我和乾塝的交流一直都很顺畅。之所以能建立这种亲子关系，是因为我们经常一起读书。

孩子大多认为"和妈妈没有共同语言"，因而不想和妈妈谈心。而对妈妈来说，理解孩子的想法是一件非常困难的事情。基于这种心理认知上的差异，妈妈与孩子之间渐渐地就形成了交流屏障。

但是我和乾塝却通过两人的共同兴趣——一起读书，克服了这个问题。从乾塝上小学五六年级起，我们就通过书籍进行交流。

自从乾塝有了自己确切的梦想，我就开始寻找一些对其有所帮助的书籍。读完之后，我通常会把自认为有益的内容剪贴下来，或者像讲故事一样讲给他听。如果发现有乾塝可以读懂的地方，我就标示出来并告诉他："那本书很有意思。"

但是无论如何，读书是不能强迫的。

"读了有关约翰·韦尔奇的书，妈妈真的很感动，你以后也可以读一读。"

"那本新出的《百万富翁的头脑》好像很有意思。"

我只是这样提示孩子，但很快他就会自己去找书读了。当然，乾塽并不完全按照我的意愿阅读书籍。有时他对我希望他读的书丝毫不感兴趣，但有时他却会读我无法想象的、深奥难懂的书。因为一起读书，自然而然我们就有共同关心的话题，我们的对话也就能更有深度，更加丰富地持续下去。

通过读书进行对话的这种交流方式不仅有益于增进妈妈和孩子的交流，还能丰富双方的知识。一开始，我把乾塽引向了读书；但现在，却是乾塽在帮助我读书。几年前，我去英国。一到那里，乾塽便像早有准备似的，递给我一本英文版的书。

"妈妈，这本书很感人！"

"什么书？"

"《上帝是我的经纪人》，讲述的是美国华尔街一名叫做加纳·方德的投资商的故事。"

"有没有韩语版呢？"

"还没有，因为这本书出版不久，所以还没有韩语版，我读给您听吧。"

说完，乾塽便翻开书，将书中内容详细地讲述给我听。

书本的主人公是一位华尔街投资者，他因为投资失败而酗酒，结果酒精中毒。之后他进了加纳修道院，并因为一次偶然的机会投资成功而赚了大钱。虽然后来再次遭遇失败，但是最终他还是重新站了起来。

这本书非常有意思且令人感动，以至于乾塽翻页时我都会催促："接下来会怎样呢？"每当出现难懂的经济学专有名词时，乾塽都会详细地解释给我听。就这样，在我到达英国的第一天晚上，我们母

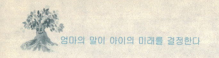

子就花了一整夜读完了这本书。

像往常一样，只要遇到好书，我和乾埫都会迫不及待地阅读。大多数时候，我们都是一边读书，一边讨论。如果孩子和父母能够一起读书，那么他们就能在和父母的密切沟通中成长。这并不需要你作出什么特别的努力，但却能让你和孩子双方变得互相理解、互相尊重。

读书可以引导孩子的前途

如果说成为一名投资者是乾埫小时候就拥有的梦想的话，那么正是读书将这个梦想具体化。

刚开始，只是我阅读此类相关书籍。慢慢地，我便开始引导孩子阅读这些书本。起初，阅读的书籍主要是成功投资者的自传，但逐渐地我们开始涉及更多领域的经济书籍。

成功人士的传记，大多展现一个人如何克服无数的挫折和失败，如何把握转败为胜的契机，如何挖掘取长补短的潜力。在敏感而纯真的青少年时代，乾埫阅读了各种各样的人物故事，这成为了他人生中一笔巨大的精神财富。

此外，每当遇到比较难懂的新闻信息或者数据，我都会将其剪贴下来，并详细讲解给孩子听。

上国中时，乾埫就已经开始翻看《经济学人》之类的书刊了。到英国之后，他还坚持阅读各种经济周刊。也许正因为如此，中途转学到拉格比中学后，乾埫在经济科目还能稳居第一名。

不仅如此，在大学主攻经济学时，通过阅读大量经济周刊，乾埫对经济学有了一个整体的了解。

　　知道乾埙想成为一名投资者后，我就千方百计地搜集相关信息，尽可能地去了解成为投资者需要具备什么样的资质，需要阅读哪些书籍。其中，我找到了一位名叫 Roy Hong 的美国侨胞所写的《溢价的 15 种法则》。

　　书中讲述了作者为成为投资者所倾注的努力、投资公司所需要的人才类型、世界投资中心华尔街运转机制等内容。考虑到这本书对乾埙实现梦想会有所帮助，于是我就把它买了回来。但是可惜的是，他却对其不屑一顾。虽然不能强迫他翻看，但我还是将书中内容详细地给他讲了一遍。

　　等到大学毕业，准备在英国就业时，有天乾埙突然打电话给我："妈妈，以前你有提到过一本 Roy Hong 写的书吧，请将那本书寄过来吧。"

　　"好的。不过你为什么突然又想要读那本书呢？"

　　"最近参加了很多次面试，我觉得妈妈那时的话对我的帮助很大。那本书不是讲到投资公司在选择职员时，主要考核什么吗？所以我想仔细地看一看。"

　　我没有找到那本书，于是想尽办法联系书店和出版社，最终拿到了那本书。寄过去之后，乾埙说这以后对面试会有很大帮助。

　　相隔万里，唯一的儿子去参加这么重要的面试。作为妈妈，我甚至不能给他做一顿热饭。我常常为此遗憾，但听他这么一说，我确实得到很大的安慰。正因为我和乾埙一起读书，并且对书的内容进行充分地讨论，我才能跟他远隔万里地保持顺畅的沟通。

　　妈妈应该成为孩子最重要的谈话对象。如果想在孩子踏上漫漫征途时，能够给予孩子正确的指导，并且能够成为他倾吐苦闷的对象，妈妈就应该充分地了解孩子的关注点所在，并掌握尽可能丰富

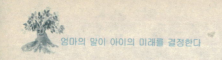

的相关信息。为此，妈妈应该大量阅读书籍。

　　无论是帮助孩子设计人生，还是劝阻孩子放弃某些决定，妈妈都应该展示充分的信息。唯有如此，孩子才会相信妈妈的话并听从劝告。

如何
让孩子
喜欢读书

　　父母们都希望孩子喜欢读书，也都知道喜欢读书的孩子学习自然不成问题。但是为什么对读书不感兴趣的孩子还是那么多呢？如何才能让我们的孩子也喜欢上读书呢？

　　读书能力不是天生的，它需要付出很大努力才能形成。当然，从小喜欢读书的孩子也不少，但是读书能力会因孩子的不同而有很大的差异。这就好比有的孩子一跳到水里，就一下子能够学会游泳；而有的孩子学了一个月，却还是见水就怕。

　　其实，即使能力上有所差异，但只要掌握了适合孩子的教学方法，每个孩子还是都能学会游泳的。读书也一样，没有哪种读书方法可以适合一切孩子。父母们应该明白，由于性别、兴趣、爱好、环境以及志向的差异，适合孩子的读书方法也不尽相同。

　　有的孩子小时候就喜欢读书，但这并不能保证他一生都会喜欢读书。随着孩子的成长，他会接触到很多有意思、具有刺激性的媒体，因此随时都可能失去读书的兴趣。

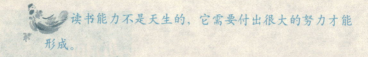 读书能力不是天生的，它需要付出很大的努力才能形成。

与韩国一样，西方各国也普遍面临着男孩不爱读书的社会问题。而很多母亲不了解男孩应该采取怎样的读书方法，这使得男孩更易远离书籍。

有专家曾将读书能力比喻为一扇窗户。他们认为这扇窗户在13~15岁时开启，以后便会永远关闭。倘若没有把握好这个时期，以后你想要再训练读书能力，那将难上加难。

在韩国，教育条件的局限使得孩子上国中时很难读到优质书籍。而当今社会环境，却让孩子们很难保持读书热情。所以家长们应当在孩子15岁之前，帮助他掌握读书的方法。

正因为此，我没有送乾埈去辅导班，而是努力给他创造读书的机会。从他上小学开始，我便让他接触大量书籍，以满足其对知识的好奇心。

怎样才能培养出喜欢读书并乐在其中的孩子呢？每个孩子所适用的读书方法，都是不一样的。重要的是，你要让孩子认识到读书的重要性，培养孩子的读书兴趣。在这里，我介绍几条原则。

尽量读给孩子听

开始时，乾埈是和他的爸爸一起读书的。每天从下班回家直到睡觉前，乾埈爸爸都会读书给乾埈听。当时我身体不好，所以没有时间好好照顾孩子。因此乾埈的学前教育，就只是丈夫给他读童话故事。

乾埌最喜欢爸爸给他念书，当爸爸念到："很久很久以前，有 3 个小猪兄弟……"乾埌的眼睛就会睁得大大的，觉也不睡了。

现在，孩子从小就开始学习韩语。因此，你经常可以在书店里看见三四岁的小孩一个人在看书。尽管如此，有些到六七岁的孩子明明已经能够自己读书了，却还是常常缠着妈妈读给他听。

现在孩子过了 3 岁，能够识字读书已经不是什么稀奇事了。但是有些超过 3 岁的孩子，还经常缠着大人读书给他听。对此，有的妈妈很担心。

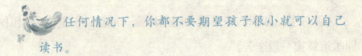

任何情况下，你都不要期望孩子很小就可以自己读书。

"我们孩子是不是读书能力不足啊？"

"明明可以自己读，但还是要我读给他听，是不是他太依赖我了？"

"是不是缺少爱呀？"

其实，不管孩子是不是识字，任何时候读书给他听都是好的。

我认为只要孩子愿意，即使他上了小学，你也可以读书给他听。在我看来，图画书不是孩子们自己读的书，而是让大人读给孩子听的书。

孩子一边听着父母的声音和看着图画，一边还能调动自身所有的感官、发挥自己的想象力。与自己读书相比，父母读书给 10 岁以下的孩子听是一件更加有意思和快乐的事情。

任何情况下，你都不要期望孩子很小就可以自己读书。因为从理性来讲，听父母读书的孩子理解事情更快、更正确。

所以，要想让孩子喜欢读书并乐在其中的话，你就要不知疲倦

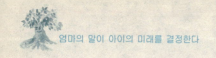

地读给他听。慢慢地，孩子们就会主动地爱上读书。

告诉孩子读书的乐趣

在作品《谢谢您，福柯老师》中，儿童文学作家派翠西亚·波拉蔻曾经描绘过这样一个给人深刻印象的场景。生长在书香门第的小女孩派翠西亚刚刚上学时，爷爷在她书籍封面上抹上蜂蜜并让她舔了一下，然后问道："味道怎么样？"

"甜甜的！"

"这就对了！知识的味道就如同这蜂蜜一般甜，但是探究知识却如同酿造蜂蜜一般辛苦。"

爷爷这样做，是想告诉刚刚开始读书的小孙女：书如同蜂蜜一样甘甜，但是为了尝到这种甜味，你必须像蜜蜂一般勤奋地去探求知识。乾埙刚开始接触书时，我也希望他能够产生那种甜蜜和幸福的感觉。

虽然很多父母都希望孩子能够多读书，但事情却往往不尽如人意，而孩子们也离书越来越远。细究原因，你可以发现最大的原因是孩子没有体会到读书的乐趣。

要使孩子能够喜欢上读书，你就必须让他们体验到"读书是一件有意思的事情"。

读书并不是一种负担，而应是一件让人感觉有意思和开心的事情。因此一旦妈妈强迫孩子读书，孩子就会感觉读书成了一种负担。与其强迫孩子读书，倒不如引导孩子读书，使读书变成一件快乐的事。

这其中最有效的方法，就是妈妈看完一本书，然后对孩子说："这本书真的很有意思呀。""嗯，看看故事中的主人翁是怎么说的吧，实在是太可笑了。"用这种自然、愉快的方式引导他们，孩子们也会渐渐地喜欢上读书。

让孩子闲下来好好读书

上学后，乾塄一识字便开始大量地阅读书籍。通过分析，我认为乾塄能沉迷于读书的最大原因是：他很闲！

其他孩子因为要学习钢琴、美术、跆拳道、围棋等课程，每天都必须去补习班。回家之后，他们既要完成学校的作业，又要应付补习班的作业，因此一点空闲时间都没有。而由于没去补习班，乾塄通常无事可做。如果没有那么多空闲时间，乾塄也许根本就体会不到读书带给他的乐趣。

我们怎么能要求每天奔波于几个补习班的孩子，能集中精力读书呢？一天当中，孩子们也需要一段好好休息的时间。而最容易让孩子对读书产生抗拒的方法是，在这个休息时间内催促孩子去读书。读书应当是一种快乐的休闲活动，而不是一种负担。

当今社会，电视、计算机等更加有意思和有刺激性的媒体已经普及。在这种情况下，将孩子的注意力集中到读书上来变得更加困难。当时我们家很少开电视机，我想这无疑给乾塄读书创造了一个良好的读书环境。

如果想让孩子和书成为好朋友，请让孩子空闲下来吧！与忙得团团转的孩子相比，整天"无所事事"的孩子更加可能成为读书狂。

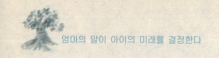

鼓励孩子读感兴趣的书

在孩子小的时候，让他读多种多样的书籍很重要。当孩子成长到一定阶段，对某一领域产生兴趣时，让他多读一些感兴趣领域的书籍也是一个不错的选择。

也就是说，对历史感兴趣的孩子，就让多他读一些历史书；对自然科学感兴趣的孩子，就让他多接触有关科学的书；对文学感兴趣的孩子，让他读文学名著或是童话书。

乾埙上小学时，曾对世界文化和历史很感兴趣。当时，有关世界文化的儿童书出了合集。虽然价格昂贵，但因为是孩子关注的东西，所以我还是买了下来，并且还买了李元北老师的《遥远的国家，邻近的国家》全集漫画书。

乾埙一遍一遍地阅读着这些书，无论是国家名字还是年号，他都达到倒背如流的程度，这对以后去欧洲旅行产生了重要影响。后来，他又对经济产生了兴趣。但是当时没有专为儿童而写的经济书籍，所以我就自己先读一些大众类的经济读物，然后把乾埙能读懂的部分标记下来，引导他去阅读。

我没有让他去读那些深奥的、有关经济原理的书籍，而是主要让他读一些成功财经人物的故事，或者有关实务经济的书本。通过读书，乾埙满足了好奇心，阅读水平也更上一层楼。

由此可见，十几岁的孩子有了自己关注的领域，有了自己的梦想时，多读一些相关的书籍，会有显著的成效。

善用日常媒体

小时候，乾埙很喜欢看动画片，特别是《红发安妮》《凡尔赛玫瑰》《小恐龙杜利》等。如果这些动画片出了漫画书，乾埙和我就会一起阅读。因为事先已熟知了故事的缘由，所以读起来会更有效果。

比如，在看完动画片《红发安妮》之后，乾埙还会去读小说版和漫画版的《红发安妮》。在看了漫画书《凡尔赛玫瑰》之后，乾埙对法国历史产生了浓厚的兴趣，继而又读了很多有关法国历史的书。

从一开始，就让孩子看大部头的书籍是不合适的。通过电视或者漫画书等多种媒体让孩子逐渐地喜欢上读书，效果会更好。

和孩子一起读书

从乾埙小时候直到现在，我都和他一起读书，我认为任何方法都不如和孩子一起读书有效果。妈妈们给孩子读书的时候，并不能只是单纯地读句子给他们听，而是要用心地去读。只有这样，孩子才会觉得读书很有意思。

无论孩子是否能自己读书，我都希望妈妈们可以和孩子一起读书。因为妈妈会感染孩子，要是妈妈喜欢那本书并且用心去读的话，孩子自然而然也会喜欢。

与其幻想通过读书来教孩子些什么，不如把读书看成是一种可以分享快乐的活动。只有这样，妈妈和孩子才不会有负担，才会有更好的心灵沟通。

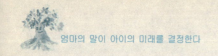

给孩子选择书的机会

让孩子自己选择书籍，不失为一种提高孩子读书兴趣的好方法。妈妈给孩子买昂贵的合集图书，当然希望孩子可以好好阅读。但是，购买全集有时完全是妈妈个人的想法。而孩子和妈妈的想法可能会有所不同，他们可能喜欢自己选择书籍。这时，你便需要肯定孩子的取向和个性。

我建议妈妈和孩子一起去书店，直接翻阅图书并进行有效选择。几乎每周，我和乾垧都会去书店购书一次。在书店里，我们尽情地翻看我们喜欢的书籍，如果满意，就买回来。那时在给乾垧买书这一事情上，我毫不吝惜。

但是有时我也会在书店里看见，孩子和父母亲因喜好的书籍有所不同而产生了小小摩擦。

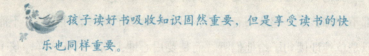
孩子读好书吸收知识固然重要，但是享受读书的快乐也同样重要。

父母大多选择对孩子学习有帮助的辅导书，或者舆论推荐的优秀图书，而孩子则喜欢一些在小朋友之间流行的，诸如漫画书之类的图书。

和其他孩子一样，乾垧也不例外。碰到这种情况，我会首先考虑乾垧的选择，但与此同时也会把我希望他看的书一起买回家。在家里，不管是漫画书还是童话书，我们都会一起读。

对于能够在孩子成长过程中成为其精神食粮的好书，父母当然希望孩子能读一下。但是书店里的好书何其多，于是父母很容易忽略这一点，那就是孩子读好书吸收知识固然重要，但是享受读书的快乐也同样重要。

与其强迫孩子多读书，不如让孩子精读书，把握书的精髓。引导孩子读书时，你不要只是一味地催促他读，而要将书放在显眼的地方，或者先和孩子聊一下书的内容。让孩子先对这本书产生兴趣，效果会更好。

读后不要给孩子负担

有的妈妈在孩子读完一本书之后，会问诸如此类的问题。

"这本书读完之后，有什么感想呢？"

"故事的主人翁怎么样了？"

"讲一讲大体的内容吧。"

但是，几乎没有孩子能很干脆地回答这样的问题。孩子读完书之后，不管是让他们写读后感，还是让他们以绘画的方式来表达读后的领悟，我觉得这对孩子而言都是一种负担。

法国作家派纳格是个读书狂，他曾经列举过"快乐读书原则"。其中有一条是"沉默原则"，即读完书之后，人们没有必要做任何的笔记或者判断，而应该单纯地去享受读书所带来的乐趣，并且有对这本书不发表任何言论的权利。

我认为孩子们也有读完书之后保持沉默的权利。因为繁重的读书笔记或者妈妈的提问而失去读书兴趣，是不可取的。如果读完书之后，自己很受感动，想对孩子表达自己对书的评价时，你也千万不要向孩子提任何问题，简单地发表一下自己的感想即可。听了妈妈的评论后，如果孩子有想法就说。这样，对话才能延续下去。如

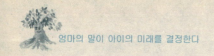

　　果孩子无话可说，也不要勉强。

　　孩子无话可说，是因为他们还需要积累更多的经验。因此父母可以等到孩子有了充分的经验时，再让孩子用语言或是其他方法来表达他们的感想。

掌握
全球化的
必备工具
——英语

虽然与其他家庭相比，我对乾埙的其他启蒙教育不紧不慢，但是英语教育却很早就开始了。乾埙的梦想是出国留学，成为一名国际化的投资者。所以我认为与其他条件相比，能够说一口流利的英语是最基本的。我深知，在学校学习时英语很重要，进入社会后，英语将会更加重要。

实际上，英语不仅仅是一门外语，更是一种国际通用语言，是不同国家的人们相互交流的最基本工具。所以，我认为早一点对孩子开始英语教育非常必要。

从小学四年级起，乾埙就开始学习英语。去留学后，虽然没有遇到太多语言障碍，但是如果当时条件允许，我想让乾埙更早学习英语会更好。

现在，小学课程中已经包含英语在内。所以，入学之前就开始学习英语的孩子越来越多。因为乾埙上小学时还没有开设英语课，所以那时在孩子的英语上下工夫的妈妈并不多。虽然当时很多家长对子女教育都特别关心，但只有少数家长在孩子上学前就花高价请英语家教。一般而言，普遍的孩子都是到小学五六年级才开始学习英语。

　　乾埻小学四年级开始学习英语时，我没有送他去补习班或请私人老师，而是自己教他。虽然我上班时曾使用英语，但毕竟是很久以前的事，再加上平常也不学习英语，所以基本上都忘了。因此刚开始时，对于究竟该如何教孩子，我真是无从下手。但是我仍然想同孩子一起学习英语，所以就从最简单的字母开始一点一点学起。虽然以后也要请专门的教师来教乾埻英语，但是当时我还是认为无论如何，也应让他明白学习英语的重要性。

　　不过，无论英语多么重要，我的热情多么高，如果乾埻对英语没有兴趣的话，那么这个学习过程就会很累，而且也不会有什么效果。幸运的是，乾埻从一开始就对英语很感兴趣。

　　由于从小就读了很多关于其他国家文化背景的书，所以他自然地对其他国家的语言充满好奇。另外他梦想着去国外留学，所以学习英语的动机就更加强烈了。

　　以我的经验看来，“动机”和“趣味”是学习英语最重要的因素。如果孩子自己意识到学习英语的必要性，并且掌握持续学习英语的方法，那么学习英语就没有什么问题了。学英语不可能一蹴而就，它需要长时间积累，所以不能急功近利。

　　妈妈们既不是英语专家，也没有在外国生活的经历，因而指导孩子学习英语时，常常会感到很吃力。但是即便如此，我认为下决心和孩子一起学习英语并不困难。很多家庭因为昂贵的英语家教费而深感压力，然而事实上，花很多钱并不意味着孩子就能学好英语。

　　好的老师和好的教学方案对学习英语固然有所帮助，但是如果条件不允许，那你就要找一找其他方法。

　　乾埙在国内几乎没有请过英语家教，但是去英国后却很是适应。与花很多时间单纯学习英语相比，通过多种多样的途径来克服孩子对英语的恐惧心理，并产生自信心更加可行。

　　在现在年轻的妈妈们看来，我教乾埙学英语的方法也许很简陋。但是与把孩子的英语教育全权交给学校相比，我自信由我亲自教他效果更好。

迈出学习英语的第一步

　　虽然想尽早让乾埙学习英语，但是因为经济原因，直到小学四年级他还没有开始学习。但是当时我想也不能因为经济问题老这样拖着，让孩子错过学习的好时机。于是我在纸上写下简单的英语单词，并将它们贴在房间的各个角落里，然后教乾埙识读。"Daddy，爸爸""Daddy，爸爸""Table，桌子""Table，桌子"。

　　自己写的英语卡，很快就会变得破旧不堪。有一天我去邻居家，得到了一套英语卡片。英语卡片上的单词配有图画，这样就能一目了然，便于学习。我将这些卡片贴在家具和墙上，每天和乾埙一起朗读。

　　我既不是语言学者，也不是英文学者，但是在教孩子如何学习语言上，却有一套自己特殊的方法。就像小孩子刚刚学识字时，并不是从字母学起的，而是从"妈妈""爸爸""吃"等词语学起一样，在学英语的字母表之前，先把整个的单词教给孩子会更加有效。

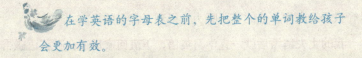

在学英语的字母表之前，先把整个的单词教给孩子会更加有效。

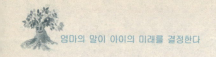

但是因为我从来也没有接受过正规的英语教育，甚至对自己的英语发音都没有自信，所以虽然只是教教单词，但很快就感到自己的缺陷。像拼读"冰箱"（refrigerator）这个单词时，我都会感到很困难。所以一开始指导乾埙学习英语时，如果对其中的英语教学方式不是很满意，或是觉得自己的发音不对时，我就宁可放弃。后来，我又感觉对乾埙来说，英语卡片并没有多大效果。不过，事实上英语卡片却让孩子对英语产生兴趣。

看动画片学英语

观看动画片，对乾埙的英语学习起到了不小的作用。当时，见乾埙非常喜欢动画片《小恐龙杜利》，于是我便将其录下来，让他反复观看。最后，小家伙居然能够背下所有台词。而且往往在下一句台词播放出来之前，他就能先说了出来。

我想："这就对了！"于是，我立即买了英文版的录像带，还挑选了《美女与野兽》《风中奇缘》《睡美人》《狮子王》《阿拉丁》等没有韩语字幕的迪斯尼动画片。

尽管听不懂英语，但是由于内容很有意思，于是乾埙就反复翻看。一开始因为不懂英语，他听不懂意思。但是反复看了几次之后，他就能理解大部分内容。渐渐地，他最终可以听懂一些简单的台词了。

除了录像带以外，我还买了英语的听力磁带和书。但是它们却几乎没有派上用场，因为乾埙对这些东西丝毫不感兴趣。如果让他勉强去看去听，结果也许会适得其反，所以我就没再要求他。但是尽管只看动画片，他的英语听力也得到了很大的提高。

我的丈夫结婚后就一直学习英语，下班回家后还会听英语磁带。

但是令人苦恼的是付出如此大的努力，他却没有收到预期的效果。

有一天，正在听英语磁带的丈夫，让一旁的乾埙跟着念。有时遇到一个连丈夫都说不好的长句，但是乾埙居然能说得下来。原来在看动画片时，乾埙已不知不觉地形成了英语语感。父子之间有如此大的差异，大概是因为对大人来说，学英语是一种压力和负担，而对孩子来说，它则是一种乐趣。

于是，我想起了乾埙所写的话："知道自己为什么要学习英语很重要，如果只是为了在考试中取得高分的话，那么所学的知识很快就会忘记。"

在学英语的初级阶段，保持兴趣、反复去听非常重要。因此对乾埙来说，英语动画片是至关重要的教材。

花小钱学英语

通过看动画片，孩子对英语产生了兴趣，并且能听得懂一些英语句子。这时，我认为孩子应该正式开始英语学习了。

但是英语家教费用实在太高，所以不敢轻易去请家教。于是，我想到了 EBS 频道播放的英语教学节目。

当时 EBS 频道每天播放为初级英语学习者设计的英语节目，内容很实用。于是我每天将其录下来并让乾埙反复地看，让他以这种方式学习英语。

由于节目每天都不同，所以光是录像就很不容易。但是一想到这种方法不仅可以省钱，而且能够取得良好效果，我就一天不漏地继续录制着。

虽然当时并不知道这种方法能有多大效果，但是既然不能送乾

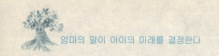

塥去昂贵的补习班，自己又没有能力教会孩子，所以不得已我才选择这种方法。但出人意料的是，乾塥居然跟着录像坚持不懈地学了下来。孩子刚开始学习英语时，学费自然会如流水般地花出去，但是花较少的钱达到最好效果的方法也很多。

当年我只能用英语节目来教乾塥学习英语，而现在学习条件好多了，如各种各样的英语教育课程，还有能够提供很多学习资源的网络。

不要因为经济拮据而放弃对孩子的英语教育，学习英语的机会其实很多，而这就需要发挥妈妈们的智慧了。

争取机会与英语国家人士会话交流

通过英语录像带和英语节目，乾塥的英语学习到一定程度后，就开始动口说英语了。只要遇到外国人，他就会说一些不知对错的英语。

乾塥上小学 6 年级的一天傍晚，我和他一起去附近的书店。在那里，我们遇见一个身材高大的外国人。和以前一样，乾塥走上前去和那个外国人说话。正当我心想："这孩子能听懂多少呢⋯⋯"时，乾塥就已经回到我的身边。他对我说："妈妈，那个外国人叫汤姆，他来自美国，现在是英语补习班的老师。我说我想学英语，他答应可以教我。我想和朋友们组成一个学习小组一起学习，怎么样？"

看到孩子如此积极地想学英语，哪个妈妈会忍心拒绝呢？于是，我就答应了。回到家后，乾塥便开始打电话给朋友们，以组建英语学习小组。

但是，意想不到的问题产生了。

有的妈妈说，和外国人一起学习英语固然好，但她们担心与乾塌这样英语不好的孩子共同学习，会降低其他孩子的英语水平。看来，乾塌自己创造的学习机会就要化为泡影了。

于是，我劝说其他的妈妈："每天在我家学习，我会给他们准备零食，好好照顾他们的。先试试看吧。"

就这样，乾塌和其他 4 名小朋友开始和美国老师进行一周两次的英语学习。上课以会话形式为主，这似乎对乾塌很有利。

上课时间以外，为了乾塌和汤姆老师的交流能够愉快地进行下去，我既招待老师来家里做客，也邀请他一起去旅游。等到汤姆老师回美国之前，乾塌已经和老师学了 6 个月左右的英语。

和外国老师一起学习，虽然不能保证一定能够提高英语水平，但是对乾塌而言，这样的学习大大地消除了他对英语的恐惧，同时使其更加熟悉英语。

乾塌至今都不会仅为应付学校的考试而学习英语，而是兴致勃勃地学习着。他已经不再把英语当成一门学科，而是将其看做是生活中的一个基本工具，并兴致不减地持续学习着。

通过海外旅行提高自信心

从小学 6 年级开始，每年暑假乾塌都会去海外旅行。6 年级第一次去加拿大的时候，乾塌打电话来激动地说："妈妈，我都能听懂英语了，太神奇了！"

虽然在韩国他接受了英语教育，但是我不能确定他能否听得懂。接到这个电话后，我彻底放心了。

乾塌说虽然自己的英语比较生硬，但是跟陌生人进行对话交流

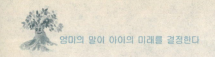

时他却一点也不害怕。同时，良好的人缘和胆大的性格在提高乾埙英语水平过程中发挥了很大的作用。尤其是海外旅行时，大胆地与外国人用英语面对面地交流，效果最为显著。

对乾埙的英语学习，海外旅行提供了很大帮助。首先，它创造了直接使用英语的机会，并且增强了其对学习英语的自信心；其次，它强化了他学习英语的动机。等到乾埙为了学好英语，连睡觉时都将舌头卷曲起来时，我就再也不需要督促他学英语了。

对英语的自信，会转化为对学习本身的自信。

从加拿大旅行回来，乾埙便进入了国中。第一次上英语课时，老师问有没有可以用英语作自我介绍的同学。这时，乾埙便自告奋勇地用流利的英语作了自我介绍。不仅学生，就连老师也大吃一惊。从此，校园里便流传乾埙是加拿大侨胞的说法。

由于对英语充满信心，因此在对待其他科目上，乾埙也抱着一种"只要做就行"的信念，更加努力地学习。由此看来，对英语抱有自信非常重要。

在国内，系统地学习英语能够取得很好的效果。通过海外旅行来学习英语，切身地意识到学习英语的必要性，直接活用英语则更加重要。

通过写日记提升英语水平

从加拿大旅游回来后，每次旅行乾埙都会用英语把全部过程和感受写下来。到后来，他便开始用英语写日记。

现在，看了自己从小学 6 年级到国中的英语日记，乾埙都会感叹："错得可真多呀！"但是在我看来，用英语写日记已大大地提升了他的英语水平。

　　总体而言，乾埙学英语可以分为 3 个阶段。第一，通过看录像带练习听力；第二，通过海外旅行树立说英语的信心；第三，通过写日记提高了英语写作能力。

　　乾埙曾与那些为英语发愁的后辈们，一起分享自己学习英语的诀窍："学习外语和学习母语一样，需要深入熟悉。如果，现在你开始了英语的学习，那就要用英语听说读写，用英语去思考问题。

　　"你还记得自己一开始是如何学习母语的吗？听包括父母在内的周围人说话，看电视或者听录音机，然后开始读短文，渐渐地再学会写字。"

　　"学习英语也是如此，不信，试一试。6 个月后（尽管根据个人的不同而有差异），你会发现你的英语水平突飞猛进。"

适应当地英语

　　虽然在韩国学了很多年的英语，但是初到英国，乾埙还是需要克服语言障碍。英国学校要求学生尽可能地读不同种类的书，并且多参加各种讨论和撰写随笔。这些特殊要求，使留学生更加难以适应当地的教学。

　　为了熟悉和深入理解英语原著，乾埙开始从小说读起。

　　在逐渐熟悉并能较快地阅读原著后，他便开始订阅《时代》和《经济学人》等经济杂志。为了增加词汇量，他尽可能地接触多种多样的书籍。

　　刚开始，因为不熟悉政治情况和经济用语，所以他理解原文非常困难。但是坚持读下去后，他发现自己居然不知不觉间几乎理解

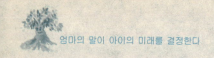

全书内容了。因为第一次遇到的生僻词汇和用语往往会反复地出现，所以再难理解的内容，只要反复地读，最终你都能将其掌握。

由于乾埳阅读了多种多样的书，所以写随笔的能力大大提高了。以至于有些老师惊讶于乾埳词汇量之大，竟然能写出如此出彩的文章。就这样，留学仅几个月，乾埳就被一致认为是一个优秀的学生。

帮助孩子树立正确的金钱观

　　国人都很避讳与金钱相关的话题，这一点在评价小孩时表现得尤为明显。如果一个小孩很早就意识到经济的重要性，人们便会说："这么小的孩子就钻到钱眼去了……"似乎这个孩子就不再纯真。

　　但是钱是人们生活的必要条件，如果不认识金钱，那么你就很难充分地理解这个社会。尽管人们不能只追逐金钱，但是无视金钱也是不可取的。

　　我相信孩子们从小就有权利正确理性地认识金钱和认识经济。因为正确的经济理念并不是成为大人后一下子就形成的，而是从小慢慢培养出来的。

　　年轻时，意识到经济问题之后，我就一直很关心经济。我既阅读一些经济报纸，也读一些有关经济的书籍，有时还进行一些小额的投资。所以我觉得乾埙之所以梦想成为一名投资者，既因为他从小就对经济感兴趣，常读一些有关经济的书，也因为他有一个十分关心经济的母亲。

　　大家都说因为基因遗传，所以才会龙生龙，凤生凤。事实上，

父母所关心的东西的确会对孩子产生潜移默化的影响。乾埙从小到大，我就一直和他一起读书，交换彼此对事物的看法。在这期间，经济常常是我们讨论的主要话题。我认为经济很有意思，这可能也使得孩子觉得"经济很重要"、"经济原来这么有意思啊！"

父母若认为钱是毫无意义的东西，或是认为赚钱是一件微不足道的事情，那么孩子也很容易产生类似的想法。

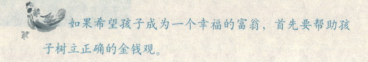

如果希望孩子成为一个幸福的富翁，首先要帮助孩子树立正确的金钱观。

既希望孩子在经济上独立，又不教给孩子关于钱的知识，这本身就相互矛盾。况且，钱多并不是一件绝对幸福的事情。只有通过自己努力所赚的钱，花起来才会有意义。因此每个人应当对钱、对经济有所了解。

如果希望孩子成为一个幸福的富翁，首先要帮助孩子树立正确的金钱观。但是与其说我特意培养乾埙经济意识，不如说是我对经济的热切关心，自然而然传染给了孩子。

当乾埙有成为投资者的理想后，我才开始对其进行具体的、系统化的经济教育。对像乾埙一样想成为投资家、金融家、企业家或者经济学者的孩子进行经济教育，是非常必要的。

事实上，每一个孩子都应该了解经济。因为如果不了解社会运作的基础——经济，你就不能好好地理解这个社会；而不了解这个社会，你就很难具有引导、改变社会的力量。

我既不是经济学者，也非企业家。作为一位平凡的妈妈，系统地教育孩子本身是一件非常困难的事情。但是我还是相信，自己是孩子最重要的经济学老师。

我曾引导孩子对经济产生兴趣，对金钱有积极的认识，让他思考在资本主义社会中如何安身立命，教会他怎样有价值地去利用金钱。现在，孩子反而成了我的经济学老师。

那么妈妈们应该如何教会孩子认识经济、认识金钱呢？在这里，我想介绍一下自己的经验，希望可以给大家提供一些帮助。

从生活中学经济

因为我对经济比较感兴趣，所以在和孩子谈论时自然而然会提及很多有关经济的话题。因为一般而言，经济理论容易让人感到枯燥无聊，所以我就给乾埙讲一些生活中经常遇到的经济学问题。出乎意料的是，孩子居然听得津津有味。

最开始，我告诉他爸爸所做的工作以及相关的经济原理。

"乾埙啊，爸爸每天早上去哪儿上班呢？"

"去公司。"

"对了。爸爸每天去公司上班，然后才能赚到钱，这样我们才能幸福地生活下去。像爸爸这样工作赚钱，就是一种经济活动了。"

"爸爸在公司做什么事情呢？"

"爸爸所在的公司，生产一些我们生活中所必需的东西。你爸爸所做的事呢，就是研究一下公司里要做出什么样的东西，人们才会喜欢以及如何将这些东西开发出来。"

"爸爸不是直接把它们做出来吗？"

"不是。经济要想运转，当然需要直接生产商品的工人，但是同时也需要管理这些工人的领导者，需要开发商品、销售商品的专门人才。"

像这样，以爸爸的工作为中心说明经济如何运转，似乎更容易被孩子接受。当乾垌上小学后，我就跟他讲述更多的经济知识了。而这时，乾垌也懂得更多知识，有时甚至会提出一些深刻的问题。

"妈妈，您曾说过爸爸的公司生产一些我们必需的商品，然后卖掉赚钱，是吧？但是，一定是要生产出商品才能赚到钱吗？"

"当然了。像你爸爸的公司这种通过生产商品和销售商品赚钱的行业，叫做'制造业'；而将钱用来投资或者进行管理以赚到更多钱的行业，叫做'金融业'，比如像银行或者证券公司等；而像乾垌的老师这样教书赚钱的……这个世界上赚钱的方式有很多很多，上千万种。"

"哇，真的吗？"

"当然喽。有像你爸爸一样在公司上班赚钱的方法，也有直接投资赚钱的方法。所以乾垌你也要好好想一下，在这么多的方法中，你要选择哪一种呢？哪一种适合你呢？你又想做什么工作呢？"

像这样，一旦对话开始，就会持续地进行下去。一旦有了经济理念，孩子就会对经济报纸、新闻或者财经人物产生极大的兴趣。我们的对话也会因此变得更加广阔、更有深度。另外，还有一个教孩子认识经济的方法，它就是将孩子喜欢的游戏，运用到经济教育当中。

在看一些成功经济人士的传记或是自传时，你时常会发现他们小时候喜欢玩扑克之类的游戏。小时候，GE董事长杰克·韦尔奇很喜欢和妈妈一起玩扑克牌，并且从中学到了很多东西；幼年时，微软公司的比尔·盖茨也喜欢和祖母一起玩扑克牌。所以，我想扑克牌之类的游戏也许能够培养孩子的好胜心，并教给孩子处理人际关系以及危机的各种技能。

小时候，乾埙喜欢玩一种叫做"Monopoly"的游戏（即"大富翁"游戏）。有时他会和丈夫一起玩，丈夫上班的时候，他就一个人饰两个角色，还能玩得津津有味。

这种游戏能使孩子认识不动产、股票或证券等投资手段，并学习到如何使资产升值。而且在游戏中，思考如何使投资风险最小化，收益最大化，能教孩子辨别何时要果断地投资，何时要避开风险。

而似乎正是通过这种游戏，乾埙真正发掘出潜在的好胜心，便领悟到正确的经济理念。和其他事情一样，经济也可以从生活中有意思的事情中去学习。

拥有"百万富翁的头脑"

很多人心里想成为富人，但口头上却嘲笑富人。想使生活富足，但却不去寻找赚钱的方法，这样的人很难成为富人。手岛佑郎写的《穷，也要站在富人堆里》有这么一段话——

　　现在你有钱没钱都不重要。即使你身无分文，也要站在富人堆里。因为在那里，你可以学到富人的智慧。一旦得到了这些智慧，你也会成为一个富人。犹太人之所以有很多世界级的富翁，就是因为他们从小就学习富人的智慧。

我认为在教育孩子认识经济时，父母必须坦率。想要成为富人并从富人那里学到成为富人的智慧，这是一种坦率的姿态。

我也对乾埙说，成为富者是一件很了不起的事。但我还对他说：

"你也会成为一个富有的人。"听到这句话，乾埫就会瞪大眼睛问我：
"现在没有钱的人，以后也会变成有钱人吗？而且我书念得还不好。"

"当然会。因为你有成为富人的品质啊，这比现时的成绩更重要。"

"什么呀？"

"诚实，不说谎，凡事尽最大的努力，和别人好好相处……能做到这些的人，才会成为真正的富人，而这些不都是乾埫你所擅长的吗？"这些话并不是我自己想出来的，而是《百万富翁的头脑》这本书所说的。这本书，归纳总结了全世界富人认为自己成功的主要原因，并作了如下排列：

1. 正直地对待每一个人。

2. 彻底的自我管理。

3. 良好的人际关系。

4. 有一位贤妻。

5. 比其他人更努力工作。

6. 热爱自己的事业。

7. 强硬的统驭力。

……

14. 眼光长远，勇于承担金钱上的风险。

15. 很多好参谋。

16. 有强烈获得肯定的心态。

……

20. 健康的体魄。

21. 高智商。

22. 过硬的专业知识。

23. 毕业于名牌大学。

……

29. 有优秀的投资咨询家。

30. 优秀毕业生。

其中给我留下深刻印象的是："优秀毕业生"排在最后的位置，而"高智商"和"毕业于名牌大学"也处于靠后的位置。

想要成为富人并从富人那里学到成为富人的智慧，这是一种坦率的姿态。

一般人认为高智商或者会读书，对赚钱将更加有利。因为只要有好的头脑，你就能想到好的赚钱方法；而学习好，则会让你会处于相对好的位置，获取相对全面的信息。但是出人意料的是，许多百万富翁都把"正直地对待每一个人"这一质朴的信条放在第一位。

我把这个顺序表拿给孩子看，并对他说："不管你长大后去哪里、做什么事情，只要正直地对待每一个人，你就会成功。"

我想告诉孩子的是，百万富翁并没有什么杰出的才能和非凡的能力，他们有的是"正直"、"最大的努力"、"良好的人际关系"、"对工作的热情"、"勇气"等最基本的东西。我希望在生活中，孩子也能将这些铭记于心，并且成为一个幸福和快乐的富翁。

如果想让孩子成为富人，你就教育他拥有百万富翁的头脑吧！

帮助孩子拥有"百万富翁的头脑"吧。多年之后，他就会成为一棵根深叶茂的大树。

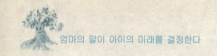

教孩子珍惜每一分钱

虽然要教孩子抱有成为百万富翁的理想，但在实际生活中你还要教他珍惜每一分钱。因为只有珍惜每一分钱的人，见到大钱时才能守住自身的信念。我相信只有这样的人，才能实现自己的梦想。

因此，我希望乾埙成为一个珍惜每一分钱的人。为此，我努力地创造机会，让他感受到小钱的重要性。

乾埙曾经跟我说过，国中 2 年级去英国旅行时他遇到一件事。当时，孩子们所居住的宿舍里面设有卖饮料的自动贩卖机。有一天，口渴难忍的孩子们去贩卖机前排队买饮料喝。但是机器出了问题，投进 5 英镑的硬币后出来 1 英镑的零钱，但 4 英镑的饮料却没有出来。

那天，完成一整天日程的孩子们非常累，连计较的力气都没有了。于是，他们说："算了，就当是弄丢这小小的 4 英镑了。"之后，他们便各自回房间去了。

那天日程安排得特别紧凑，乾埙也非常累，但是又觉得就这样回去有点冤枉。于是他去到宿舍办公室，联系到了自动贩卖机的负责人，最终要回了那瓶饮料。

那天，乾埙在日记上这样写道：

> 为了得到 4 英镑的饮料，我去了好几次宿舍办公室。那时，我想到了妈妈跟我讲的洛克菲勒的故事。
>
> 作为大财团总裁，在一次和职员们会合的重要会议上，洛克菲勒突然钻到桌子底下。职员们赶忙慌张地低下头去看，却发现洛克菲勒在捡一枚掉到地上的硬币。
>
> 记得妈妈当时这么对我说："洛克菲勒之所以能成为一

个大富翁，就在于他懂得每一个硬币的价值。"

我坚信要成为一个富人，就不能乱挥霍，而且还要懂得好好地把握金钱。尽管有时，你会听到别人说我是"铁公鸡"，但我还是很仔细地花每一分钱。而且必要的时候，我也会毫不吝惜地把钱都花出去。为了避免走极端，最重要的是先了解小钱的价值。

乾塤现在在一家国际性的金融投资公司上班，做着一次就上百万美元的投资交易。然而正是这样的孩子，有一次出差到韩国来看我时，高兴地对我说："妈妈，我们老板这次给了我不少的差旅费和奖金。"见到他如此高兴，我想那该是多大一笔钱啊！但是后来得知，那只不过是区区的 10 万韩元（约 570 元人民币）。

并不是说 10 万韩元数目很小，而是实在没有想到每天进行着数百万美元交易的孩子居然会为了这点钱而高兴和心怀感激。但是，我很庆幸孩子能够做到如此。

我希望乾塤以后成为一名大投资家，赚很多钱，但是更希望他任何时候都不要丢失现在这种心态。

略微拮据的生活对孩子好处多

我认为相比富足的生活，稍微有些拮据的生活对孩子的成长会更好一些。

在送乾塤去海外旅行时，听到乾塤说有些富家子弟花钱不眨眼，不能很好完成一天的计划之后，我就得出这一认识。

而当乾塤前去留学，在经济拮据的那段时间里成熟了很多后，我更加确信了自己的这一想法。

与其他孩子相比，乾塽较早就脱离了父母的保护伞。但历经了很多的磨炼后，他变得非常懂事。

只要学校一放假，他就不停地帮助父母做事。打工赚来的钱，他也花得很慎重，从不为自己添买新东西。所以如果去乾塽在英国租的房子看看的话，你会发现他衣柜中衬衫的袖子、领子都已经磨破了，运动鞋也穿坏了。但是只要还能穿，乾塽就会一直穿下去。

有时，我实在看不下去，就提议给他买件新衣服。但是他总是对我说："妈妈，我们学校从各个国家来的富家子弟很多，但是他们也像我一样。自己的父亲是富翁，并不代表自己就是富翁。"

于是，我就无话可说了。不过，多亏了外国的艰苦生活，乾塽才在不知不觉中了解了父母的状况，也更加坚强和独立。

有人认为留学是富人的专利，但是和经济充裕的孩子相比，经济相对拮据的孩子去留学会更加努力地学习。因为知道自己的留学费用来之不易，他们也就不会浑浑噩噩地混日子了。

想培养孩子的独立性，帮助他们拥有健康的经济观念，稍微拮据的生活反而会更好。

一定要记住，让孩子自己解决拮据的经济问题，会让孩子学到很多东西。

教孩子提升自身价值

上大学时，乾塽曾在英国打工。乾塽对我说他想打工时，我说："虽然非常困难，但既然想打工，就还是在伦敦中心区找一找吧。"

当时我认为对乾塽来说，比赚钱更重要的是开阔眼界。乾塽写了几十张自荐书，跑遍伦敦市区去找工作。这期间，他在 Daks 商场工作过。这对他来说，是金钱也买不到的宝贵经验。

那个地方不仅销售衣服，还举行时装秀。在那里，来自世界各地的买家齐聚一堂，进行着各种不同的交易。在现场工作的过程中，乾埙知道了自己原来不清楚的经济知识，除此之外还学到很多其他东西。

在高级商场里工作，你经常会遇到很多来自世界各国的超级富翁。通过与他们的对话，乾埙开始思考富人都有些怎样的品味。

不仅如此，原本对时尚不感兴趣的乾埙对时尚有了深入的认识，穿着品味上有了很大的提升。这些东西无论到哪儿，都是无法用钱买到的。

如果乾埙只是找一些比较容易找到的工作，那么他现在就不会有这么丰富的经验了。我希望通过打工，乾埙可以进一步发现自我价值并不断地发展自己。

乾埙在英国打工时，我曾经给他写过这么一封信：

> 妈妈经常说这样的话，在乾埙身上花的钱是一种投资。
>
> 过去的 5 年，因为经济危机我们吃尽了苦头。但是妈妈并没有放弃对乾埙的投资，因为我觉得与其只顾眼前利益，把钱死攥在手里，不如给乾埙的未来投资。
>
> 你现在所做的事也是一样的道理。去拉格比高中、在 UCL 学习，不正是为你提供了在 Daks 商场打工的机会吗？
>
> 现在你在那里工作，能见识很多投资者，这会对你以后产生怎样的影响呢？真是很令人期待。
>
> 虽然说"即使穷也要站在富人堆里"，但是妈妈觉得要站在富人堆里，你首先要成为一个优秀的人，也就是说你应

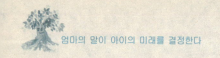
该成为精英。妈妈不希望看见你像那种没有能力的人站在富人群里一样无所适从，那对你而言也是一种难以忍受的尴尬。

所以妈妈常说"提升自己"，这并不是说要你装做有出息，而是要你为了成为杰出的人，实实在在提升自己的价值。

有的母亲认为孩子小时候多受点苦，对孩子有好处。这样说并不是没有道理，但是与此相比，我认为让孩子从中提升自身价值会更有意义。因为并非一定要受很多苦，人才能拥有正确的人生观。对孩子而言，更重要的是开阔眼界和受到良好启发，从而得到自我发展的机会。

不仅如此，在职场上孩子也应该十分清楚自身价值，并且学会为了提升自身价值，毫不懈怠地努力。因为不为提升自身价值而努力的话，你就得不到别人对自己相应的认可。

我希望乾埙可以向别人展现自己的长处和才能，并且能够得到别人的认可，还希望他能够通过坚持不懈的努力，不断地提升自身价值。

要明白最重要的资产是人

不管是东方还是西方，古代著作上所出现的具有明确经济理念的人大部分都很刻薄且没有人情味，像莎士比亚的《仲夏夜之梦》中出现的夏洛克，《圣诞节颂歌》中的 Scrooge 等。

但是现在的富翁如果很刻薄，没有人情味，那他将寸步难行。

因为随着社会和经济体系的发展，信息和网络日益重要。在这样的社会中，人际关系就成为最重要的财产。

年轻时结交的好朋友很可能会成为你坚实的臂膀，会适当为你提供发展的契机，会成为你思想的源泉，会是你在作出重要决定时和你一起讨论的对象。这样的朋友，你用多少金钱也买不来。

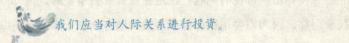 我们应当对人际关系进行投资。

因此，我们应当对人际关系进行投资。

乾埙在韩国时，我曾经对他讲过比尔·盖茨和他的大学同窗史蒂芬·鲍勃以及史蒂芬·鲍勃的高中同学保尔·艾伦结下深厚友谊，并一同创造了出世界第一大企业——微软的故事。借此，我想告诉他没有比朋友更珍贵的财产。

在英国读中学时，有一天乾埙打电话回来。他对我说班上有一个叫奥利文的孩子被称为"数学天才"，有天他对那个孩子说："奥利文，我有一个梦想，上大学后，我要去读经济学，以后要成立一间很大的公司。那时你和我一起做，好吗？"开始时，奥利文有点不知所措，但是不一会儿他就点头同意了。

听到此事，我知道在英国乾埙同其他同学相处得很好，于是就放心了。但是更让我满意的是，一个只有 14 岁的孩子就和朋友一起规划未来的梦想，就能明白在这世界上自己不是孤立生活着，最终是要和人们在一起。虽然只有 14 岁，但他已明白了人际关系才是最重要的。

告诉孩子如何有价值地花钱

罗伯特·Ｔ．清崎写的《富爸爸，穷爸爸》中，富爸爸说了这么一句话："大多数人并不知道，积累了多少要比赚了多少更重要。"
在这里，我想补充一句："怎样赚钱固然重要，怎样花钱也同样重要。"

很多人都说，花钱要比赚钱难。在赚钱的时候，石油界大亨洛克菲勒身体和精神都没有问题；但是在投资社会事业时，他却得了神经衰弱症。因为需要用钱和伸手要钱的地方实在太多了，所以他不知该如何分配。看来，花钱确实是一件很令人头疼的事情。

赚钱和花钱同样困难。小时候，乾埙喜欢说自己的理想，说自己想要做很多的事情。

"我要当一名世界级的投资家，要赚很多很多的钱！"

"有理想、有目标确实是一件好事，但是人只是想成为投资家，赚很多的钱的话，是不是很没有意义呢？"

"我也想赚很多钱之后，做很多好事。"

"原来是这样！古代人们有草笠布施的美德，下雨的时候他们会戴两顶草笠出门，为的是若遇见淋雨的人，把其中一顶借给他戴。"

因为乾埙从小的梦想是成为一个大富翁，所以我很早就教育他要有意义地去花钱。因此，乾埙对那些大富翁向社会捐赠财产的事情很感兴趣。

我希望乾埙能够意识到有价值花钱的重要性，所以我跟他讲了石油大王洛克菲勒和钢铁大王卡内基等大富豪们如何反哺社会，怎样让钱花得有价值的故事。

最近，乾埙很关注有关比尔·盖茨的新闻。他提出了"要让所有家庭的书桌上都有一台计算机"的口号（不仅图书馆和学校，而且贫民区的人们也要拥有计算机），并为此提供了巨大的支持。

不仅如此，为了减轻贫困国家所经受的苦难，他将对这些国家进行投资。最近，他还发布公告说：临终之前，要把总资产的90%

捐赠给社会。看到这些，乾埙有很多自己的想法。

我对乾埙讲述了很多富翁的事例，并希望他能思考"我为什么想成为富翁""怎样才能让钱花得有价值"等问题。通过这些思索，我希望他可以找到正确答案。

虽然现在乾埙只是初入社会，但即使将来他会成为一个大富翁，我还是希望他能继续思考这个问题，做一个幸福和快乐的富翁。

乾埌的蓝色笔记
——我在英国如何面试

来到英国之后，我一共接受了 100 多次面试，种类和内容异常繁多。我有了自己的面试诀窍以及对面试的看法和信念。

虽然每个公司选拔人才的标准和喜好都不尽相同，但是有一点却是相同的，那就是应征者的动机和意志。

其次，你对应征公司要有充分的了解：公司的经营风格、需要什么样的人才、公司氛围及你应作好哪些相应的准备。

一般一个公司会有两到三遍的面试。

第一次面试

面试开始时，面试官主要考查的是应征者的人品。这时面试的问题主要如下：

"谈谈你自己吧！"

"你觉得自己的缺点是什么？"

"为什么应征这家公司呢？"

"为什么小小年纪就来英国留学呢？"

因为一旦进入公司，你就必须和同事们一天相处 12 小时以上，所以对于公司组织来说，相处是否融洽非常重要。

如果回答上面的问题时，你没有什么大的失误的话，就会进入下一阶段的面试。

第二次面试

有时他还会考查一些与职务有关的、必需的数学能力。

我记得曾经被问及到这样一个问题：

"如果存在一个由大小相同的 1000 个正六边体组成的大的正六边体，那么在这表面，可以看见多少个小正六边体呢？"

有时还会有完全出乎意料的问题：

"如果我给你一些很有意思的故事，你认为应该怎样将它们应用到商业中去呢？能卖多少呢？"

我认为这些问题都是考查在回答一些困难或难堪的问题的情况下，人们如何理性地去对待。

第三次面试

虽然第二次面试就可以决定是否录用，但是公司通常会有第三次面试，有时甚至五次，六次。但不管是哪一阶段，关于对工作的兴趣和动机的问题必问无疑。

我在 USB 公司的面试中，曾遇到了这样的问题：

"为什么打算在 USB 工作呢？像摩根·士丹利、高盛等等，都比 USB 要好得多，为什么你不去那里应征呢？"

我是这样回答的："在回答这个问题之前，我十分好奇您为什么会在 USB 工作呢？所以，首先您能否跟我说一下USB 的优点和其他公司的缺点呢？"

以这种反问的形式，我给面试官留下了自信的深刻印象，最终在激烈的竞争中取得了胜利。

Blue Note

第 5 章

留学，产生新的可能性

　　想送孩子出国留学，你需要提早准备。如果准备得比较充分，普通家庭也可以送孩子留学。

　　但是无论准备得多么充分，你也可能像我一样会遇到一些意想不到的事情。但是即使如此，你也不要放弃！因为虽然这个过程很艰难，但是挺过去之后，它就会成为一段极有意义的人生经历。

留学要激发孩子的意愿

　　以前，留学被认为是富有阶层的专利。然而现在留学已经不是什么稀奇事了，而且现在留学的年龄也越来越小。因为敏锐聪慧、对外邦文化没有偏见的年轻人出国后，容易学到更多东西。

　　但是与此同时，因为不适应外国环境半途而废的孩子也很多。对于那些想送孩子留学的父母而言，这确实是一件很伤脑筋的事情。到底怎样做，才能使孩子适应外国环境并学到更多东西呢？到底怎样做，才能使孩子的留学生涯没有遗憾呢？

　　我认为，最重要的是激发孩子自愿留学的意向。

　　孩子若没有留学的意向，父母就不要勉强。父母可以向孩子提供相关信息让其参考，但是应当尊重他们的意向，而不应该勉强和强迫孩子就范。

　　在小时候看地球仪、读一些有关欧洲文化的书时，乾埩便开始有了去外国读书的愿望。上国中时，他就经常问我："妈妈，我什么时候可以去留学呢？"他之所以从小就有这种想法，是因为我经常对他说："乾埩，你以后一定要成为一个以世界为舞台的精英。"

其次，一定要有留学的动机。

由于厌倦了国内的学习生活而去留学，或是自己没有任何打算，只是迫于父母意愿去留学，这些都是不可取的。

孩子若没有留学的意向，父母就不要勉强。

因为相比国内学习，出国留学要艰难得多。语言不通、饮食和文化不同、没有父母相伴、课程差异，一开始一切都很困难。要战胜这些困难，孩子就应当确切地知道"我为什么要来留学"、"我来这里学习是为了什么"。

报考英国的学校时，面试很重要。这里最重要的评价标准，仍是"学习动机"。面试时，主考官经常问的问题之一便是——你为什么离开祖国来这里学习？

这时，如果孩子回答"父母让我来的"，或者"没想过"等等，那么他就只能被 pass 掉了。因为表明自己留学的理由很重要，它不仅是成功面试所需，更是成功留学的基础。

乾埈战胜艰苦的留学生活的动力，就是他要成为世界级大投资家的理想。

最后，就是送孩子出国留学的母亲们的共识——在这里学习好的孩子，出去也一样。我也赞同这一点。

自上国中下定决心留学后，小时候只知玩乐，学习不好的乾埈便开始拼命学习。因为他听说出国留学者，必须成绩优秀。也正因为如此，乾埈才将小学时的不足补了回来，并且学习成绩始终名列前茅。

尽管对乾埈而言，取得优异的成绩，顺利实现留学梦本身已是一件幸运的事情。但是更重要的是，为了留学他找到了学习的动机和自信。

很多人认为韩国国内教育存在着很多弊端，如扼杀人的创新性和个性。因此，它是以应试为主、片面的填鸭式教育。我不是教育家，因此无法指点。但是与英国的教育相比，我始终认为韩国的教育机制并非完全不合理。

因为我坚信，孩子的竞争力不会输给其他任何一个国家的孩子。相反，在数学和自然科学这一领域，韩国的孩子往往比其他国家的孩子更有优势。

因此由于不适应国内教育而去留学，这种想法本身不对。去留学的孩子应当自主意识到自学的重要性，即使学习有所不足，也应有坚持努力学习的决心和行动。

我认为让孩子自己制订人生计划，拥有坚强的自信，是成功留学的最重要原则。

妈妈
要为孩子
留学做好
资金储备

如果我向别人提起想送孩子去留学，并且要送到英国有名的私立学校拉格比中学，那么一定会听到这样的回答："你们经济上一定很宽裕，像我们这样的家庭，想也不敢想。"

如果我回答："不是这样的，乾埙的爸爸只是普通的上班族。"大多数人都会睁大眼睛请教我："那么您是怎么准备孩子的留学费用的呢？有什么诀窍吗？"

我没有什么特别的诀窍，只是很早就开始准备罢了。而且我觉得海外留学的费用，并不比国内的教育经费贵多少。

近来，很多年轻的妈妈都想送孩子去留学。但真正付诸行动的人却很少，其中主要的原因就是经济负担过重。

虽然与其他有几个孩子的家庭相比，我们只有乾埙一个孩子，经济稍微宽松一些。但是像我们这样一个平凡的家庭，送孩子去欧洲的私立名门学校读书，还真不是一件容易的事情。如果不下定决心提前准备资金的话，也许这个计划就要落空。

结婚之前，我就有生下孩子后，一定要送他去留学的想法。但

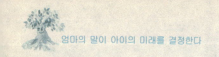

是结婚后，丈夫挣的钱却似乎难以承担。

和韩国大多数长子和长媳妇一样，我们要侍奉婆家，每月都要补贴很多钱，当然经济也就很拮据。但即使如此，我们夫妇二人还是尽量压缩生活费，将剩下的钱存起来，一点一滴地积累。不久之后，我手上便有了50万韩元的存款了。

对那些富人们来说，50万韩元根本不值一提。但对当时的我来说，它却异常重要。如何花这些钱，我确实苦思了一番。

当时丈夫的公司在郁山，我们住的是公司的宿舍，所以不是很担心住房的问题。但是和我们一样住公司宿舍的邻居们，都在存钱买房子，有的甚至还想在首尔买一套房子。虽然我也很希望拥有一套属于自己的房子，但是对我来说，有比买房子更重要的事情。那就是准备孩子留学的费用。于是我决定将50万韩元作为资金来赚钱，凭自己的力量来准备孩子的费用。

开始，我对投资股票比较感兴趣。因为那时我很关心经济，所以订阅了一些经济报纸。从中，我得知股票的价格一直在上升。我想如果好好利用这个机会，就能从中得益。

于是，我背着小乾垺去了证券公司。虽然通过报纸和杂志了解了一些关于股票的知识，但是由于是第一次买股票，所以我不知道应该买什么样的股票，也不知道我的钱够不够。所以我小心翼翼地咨询证券公司的职员："我应该买什么样的股票呢？还有，我带的钱够吗？"

职员的回答很简单："近来所有的股票都在升值，所以你买什么都行。"于是，我就真的随便买了一种。但神奇的是，一个月后50万就涨到了300万。

 路，只会出现在寻找的人眼前。

　　如果只是为了投资赚钱的话，我会继续这样做下去。但是我觉得准备孩子的留学费用更重要，所以需要一种长期的、安全的投资方式。于是，我决定用这 300 万韩元买一块地。

　　但即便是在当时，300 万韩元就想买块地也是一件非常困难的事情。费了好大的劲，最后我终于在家附近买到了一块很小的地。

　　不久之后，地皮升值，我以 800 万韩元的价格转卖了这块地。而后，我又拿着这些钱再去买地。只要房地产中介公司打电话来，不管什么时候，我都会背着乾埙去看地，有时还会看一看风水地理。

　　后来，我在浦项附近买了一栋破旧的房子。之后，我以 2 000 万韩元的价格卖了出去。再之后，我在我们家乡附近买了一块相当大的地。

　　即使在投资房地产期间，为了增加自己的经济知识，我一直努力不懈地看书、读经济报纸，努力地学习。

　　但是看有关股票的书，虽然能够学到分析个别企业，读经济图表和建立投资战略的方法，但是对实际的投资却作用不大。只有经过多次的实践，你才会形成自己的原则和认知。最后，我买了三星电子的股票和证券。

　　就这样，通过投资房地产和股票，到乾埙上国中时，我已经存了相当大的一笔存款，有了送孩子去留学的资金和信心。

　　像我们这样平凡的家庭，之所以能够送孩子去英国有名的学校留学，就在于长期不懈的准备。

　　刚结婚时，仅凭丈夫的工资，无论如何都实现不了孩子的留学梦。

但是我还是相信,只要尽最大努力,我就能够实现这个梦想。事实上,最终我真的做到了。

我希望那些正因为经济原因,在为是否送孩子去留学而犹豫不决的妈妈们能够自己去寻求出路。因为路,只会出现在寻找的人眼前。但这样说,并不是让所有人都去投资房地产或投资股票。如何进行投资,咨询一下这方面的专家会更好。

我只是想告诉那些经济条件拮据的平凡的妈妈们,怎么做才能存够钱送孩子留学。我能做到的事情,只要您下定决心去做,就一定能做到。

送乾堉去留学后不久，经济危机就来了。本来就不宽裕的我们精打细算之后，好不容易凑足了孩子的学费和生活费。原想总算可以松一口气了，但万万没有想到，接着我们又收到了乾堉被英国莱顿公园中学正式录取的通知，真是让人哭笑不得。

起初去英国，乾堉只是想集中学习语言课程。但是现在，他却要正式地进入英国莱顿公园中学。英国的中学分为公立和私立两种。90%的学生所上的公立学校不需要交学费，但是私立学校却不同，它所有的经费全部依赖于学生的学费。

这时由于经济危机，汇率骤增，想要准备乾堉的学费更是难上加难。开始时，莱顿公园中学学费大约是4 300英镑，合韩币1 300万元。但由于汇率的上升，学费几近涨了2倍。不仅如此，你还要交保育费（在英国，未成年留学生一定要有保姆照顾，保育费就是必须要给保姆的钱）、医疗保险费和个人意外伤害保险费等。

而且我们的经济状况越来越难以维系，股票连日骤跌，准备好的部分资金也借人了，不知道什么时候才能还回来。一想到在异国他乡等待学费的孩子，我就觉得心里像着火一样地焦急难耐。

我暂停订阅报纸，卖掉了手机，出门的时候只坐公交车或者走路。但是即使如此，如此巨额的学费还是非常遥远。很多中小企业甚至一些大企业都停业整顿、调整裁员，丈夫在公司也非常辛苦。真是一个可以寻找到帮助的地方都没有。

但是我告诉自己，不能就这样坐以待毙，我可历尽了千辛万苦才让孩子去留学的啊！

不管是股票还是不动产，所有东西的价值都以不可想象的速度骤跌。但是我还是认为现在不是想着如何保住本钱的时候，怎样凑足学费才是最应解决的问题。

我将出租地以标准土地价格的半价卖了出去，同时开始卖股票。虽然大部分的股票都成了一张废纸，但是幸运的是我持有的三星电子的股票，还可以拿到一些钱。于是我决定一点点地卖股票，筹措学费。

这虽然和以前制订的计划完全相悖，但是我觉得不论在任何情况下，都不能耽误了孩子的教育。

这时，乾埙又要转学到英国三大明星中学之一的拉格比中学。虽然学费比以前贵，但是如此好的机会又不能放弃。

想到我们的难处，乾埙想转到其他可以获得奖学金的学校去。但是我对他说，不要担心，就去拉格比中学。

如此一来，不仅是我和丈夫，就连乾埙以后也会受很多的苦，但我还是相信孩子能够坚强地面对困难。

我暗暗祈祷："我们乾埙是一个坚强的孩子，一定可以承受住苦难。"我还认为通过这样的磨炼，乾埙也许会学到更多的东西。

在经济困难的一个冬天里，乾埙第一次放假回韩国。这期间乾埙长大了很多，于是我决定和孩子坦率地谈谈家里的情况。

我对他说："因为经济危机，我们家的经济状况很不好，遇上了很多困难，所以你的留学计划也出现了很多问题。但是无论如何，妈妈都会供你上学，所以你不要担心。让我们一起努力，渡过难关。"

听到这些，乾埙脸上的笑容消失了，他开始沉默不语。看到他意志消沉的表情以及紧紧合上的嘴，我的心像刀割一样。

我想："孩子啊，你也很艰难，你也很担忧啊……"但是能和孩子在一起的时间很短，所以我不能再这样沉默下去。

离乾埙出国的日子越来越近，我的心也越发焦急。但是就在出国前几天，乾埙终于说话了："妈妈，您不要担心！在我们困难的时候，上帝会背着我们走，只是我们不知道而已。上帝一定会听到妈妈的祈祷的。"

虽然舆论认为经济危机只是刚刚开始，但是听到孩子的话后，我有了一种战胜危机的信心。

但是经济危机一直持续了 5 年。每当到了往英国汇学费的日子，我都觉得自己像是站在悬崖边一样无助。

　　所谓投资，即虽然眼前需求很重要，但是将来的收益更重要。

结婚以来，虽然我们夫妇从来没有怎么争吵过，但是还是有些小摩擦。丈夫有时会怪我为什么生活得这么艰难。

"送孩子去留什么学呀，现在吃尽了苦头吧。"

"虽然不知道以后会怎么样，但是我绝不后悔！"

虽然钱不是最重要的，但是一谈到这个话题，我们之间就会变得有点陌生。我们夫妇两人都有了前所未有的危机感，都认为有必要寻找出路了。这时，我们想到了"社会服务"。

丈夫首先提议说："这期间，我们为筹措孩子的学费都很辛苦，稍微参加一些社会服务，是不是能获得一些帮助呢？"

"好啊，那么我们去福利院的厨房工作怎么样呢？"

说做就做，第二周我们就付诸行动。以后每个周末，我们都去福利院的厨房帮忙做事。

通过这个工作，我们备受煎熬的心逐渐恢复了平静。虽然经济状况没有好转，但是心态平和了，对待世界的态度也变了。我们夫妇间的关系也随之恢复平稳，又像往日一样能够相互理解、彼此怜爱了。

几年前，丈夫从工作了数十年的大公司里退休了。但是最艰难的时候已经过去，所以我并不是十分担心。唯一担心的一点，就是担心丈夫一直在上班，不知道公司以外的事情他能否适应。

但是，我们一起去福利院做义工，经常和修女、神父谈话。丈夫好像很自然地就过了这道关卡，真是没有比这个更值得庆幸的事情了。

现在在一家中小企业，丈夫开始了他第二次的人生。虽然经济上还是不充裕，但是我们一起承担生活中的所有，真是一件值得高兴和感恩的事情。

坦白说，以前我认为送孩子留学不到一个月就遇到经济危机，的确是一件很不幸的事情。那时，我还认为运气常常与我们相悖而驰，如果没有经济危机，一切应该都会顺利地进行下去。但是现在想想，能在经济危机之前就将孩子送去留学是一件多么幸运的事情啊。

因为无论我如何坚强，在经济危机爆发的情况下我都不可能送孩子去留学。所以再晚一个月，乾坪的留学梦就会化为泡影。

而且让孩子看到在极端困难的情况下，妈妈始终没有放弃，一直在尽最大的努力，这于他而言不失为一堂极好的人生课。

经济危机爆发后，一些经济不错的家庭也都让孩子回到了国内。但是我没有放弃，我相信自己和孩子都能渡过难关。虽然一开始我就是在经济拮据的情况下送孩子去留学的，而且因为经济危机孩子所受的苦比我想象的要多得多，但是孩子却也因此变得更加成熟了。

有些人也许会问，只为了送孩子去留学，到底有没有必要过这种穷日子？我认为，人人都会有遇到危机和困难的时候。没有经历这些的人，是不会成功的。况且计划总是赶不上变化，所以重要的并不是遇到了困难，而是怎样去战胜这些困难。

我希望孩子是一个无论遇到什么困难，都能尽全力去战胜的人。那么首先，我自己就要成为那样的人。我希望让孩子知道，妈妈是一个在极端困难中也不会轻言放弃，而是会竭尽全力去做的人。

我还认为对人的投资，是没有什么确定性可言的。

所谓投资，即虽然眼前需求很重要，但是将来的收益更重要。虽然我们无法确定教育将来能够带给我们多大收益，但我不想让孩子在养尊处优的环境下长大，而是希望他能够实现自己的梦想，能够成为一个对社会有用的人。

想送孩子出国留学，你需要提早准备。如果准备得比较充分，普通家庭也可以送孩子留学。但是无论准备得多么充分，你也可能像我一样会遇到一些意想不到的事情。但是即使如此，你也不要放弃！因为虽然这个过程很艰难，但是挺过去之后，它就会成为一段极有意义的人生经历。

要想与众
不同，
则需拿出
勇气

很早开始，我就想送孩子去留学，但是实际行动起来，却不是
那么容易。

上国中时，乾埉已经适应了学校的生活。若这时送他去留学，
他自己就要重新适应新的环境和变化。我们周围没有送孩子单独去
留学的人，于是对我们而言送乾埉去留学会是一次很大的冒险。

在乾埉上国中 3 年级下学期时，通过朋友我认识了在英国教育
振兴院的韩国分社长。原本就想送孩子出国留学的我，立即和他就
留学事宜进行了商谈。

留学的准备材料中，有两项便是成绩单和校长或者其他老师的
推荐书。于是乾埉就找到学校的校长，请他写一份推荐书。

虽然校长并不知道我为什么要送孩子去留学，但是他还是花了
一个多小时，跟我强调留学会给孩子造成的负面影响。

看到学校最高领导者如此恳切地劝说我，作为一个普通的学生
家长，我的确不忍忽视他的建议。而且这事关涉到孩子的将来，我
也不能轻易作决定。因此，送乾埉留学便成了一件更加难以抉择的

事情。

当时我只是了解一下有关留学的事项，并没有下定决心送孩子去英国的学校。此外，我还没有和丈夫好好商量，所以更是觉得进退两难。

这时刚好因为人事调动，丈夫去了郁山工作。我和乾埙留在了青州，因此没有办法和他商议。

一想到好不容易得来的机会，我就觉得此时如果不是果断决策，而是犹豫不决的话，最终将只是浪费时间。所以虽然有很多不确定因素，但我还是认为现在是作决定的时候了。

但是校长说，只有自动退学，他才能写推荐书。听到这些，我二话不说，当场就递交了自退书，并收拾好孩子的行李，把孩子从学校中领了出来。

在别人看来，也许这是一个非常盲目的决定。但是因为我有坚定的意志，所以在重要的瞬间还是果断地作出了这样的决定。

在为乾埙留学作准备的过程中，我学会了抓住任何一个机会，获得了实现梦想的勇气。事实上，在选择和别人走不同道路时，你需要勇气。

在新的道路面前，没有一个人敢说我的选择对孩子一定是有利的，但是也不能因此认为别人都不走的路比别人都走的路更危险或者更不确定。

对所有人来说，没有一条道路可以适合所有人，因此你只能依据个人具体情况定夺方向与行程。而留学，只不过是少有人走的一条路罢了。

但是我并不认为留学是让所有人都能取得成功的快捷方式，因为孩子一直有留学的愿望，并且可以从中得到锻炼，所以我才义无

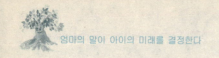

反顾地选择送他出国留学。

在选择和别人走不同道路时，你需要勇气。

　　不久之前，我平生第一次花"巨款"去做了一次头发，从发型设计师那里听到了一件有趣的事。

　　这位设计师三十几岁，从高中起就对念书不感兴趣，但是对发型设计很着迷。所以他放弃了建筑工学专业，瞒着父母，拿着学费去了一家美容学院，最终做了一名发型设计师，这确实让他的父母伤心了好一阵。

　　相反，他的哥哥则是一名优等生。他从小就受父母夸赞，上了一流的大学，还进了一家大公司。但是，现在两人的生活却和父母当初预想的很不一样。

　　身为优等生的哥哥虽然在大公司上班，但是却找不到未来的出路。每天，他都只是很辛苦地重复着同样的工作。但是身为发型设计师的弟弟，因为可以随心所欲地做自己喜欢的事，所以精力充沛，赚的钱反而比哥哥多。

　　更重要的是，他热爱自己的工作，经常会不定期地去外国学习新的技术，努力地提升自己。和别人一样读完了高中，考取一流的大学，做别人羡慕的大公司职员，这些都不能算是成功。

　　我认为能够实现自己梦想的人，才是成功的。我衷心地期望走自己的路、去实现自己梦想的孩子最终都能够取得成功！

　　每天从楼上往下看，就会看见孩子们背着相同的书包，坐同一班车去同一个补习班。此情此景让人觉得如果脱离了这个大队伍，孩子就会落伍。

但是，果真如此吗？稍微放宽一下视野，你就会知道事实并非如此。

近年来，教育形式也走向多样化。有的孩子去留学，有的则在家里接受教育，还有的去职业学校。为了学到更多的东西，很多上年纪的人也去留学，开始新的学习。然而留学不过是其中一个选择而已，重要的是通过艰苦奋斗去实现自己的理想。

我们没有必要怀疑自己选择的那条道路是否正确，而是应该拿出勇气，相信自己的选择。

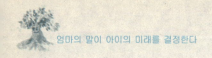

乾埠的蓝色笔记
——通往梦想的六个场景

　　一生中，大多数人都会有一些难以忘怀的重要场景。对于其他人而言，也许这些是司空见惯的事情，但就他们自己来说，这些场景却会在脑海中留下难以磨灭的印象，在人生历程中具有重大的意义。

　　我也经历过很多类似的场景，在我实现梦想的过程中它们成为指引我方向的里程碑。在我疲倦想放弃的时候，它们给我注入新的活力。

场景一 —— 地球仪

　　妈妈让我看地球仪的场景，给我留下了最深刻的印象。

　　上小学时，有一天放学回家，妈妈把我带到一个很大的地球仪旁边，让我找一下韩国的位置。那时，我发现地球仪上的韩国居然如此小。也是从那时起，我知道了除了韩国，世界还有这么广阔的天地。

　　那是一种多么新鲜的刺激啊！从那天以后，我就觉得自己突然长大了很多。

　　对于即使情况艰难，也为我提供特别教育的妈妈，我充满了感激之情。但最让我感激的是，为了开阔我的眼界，她不断地鼓励我，并最终引导我拥有了自己的梦想。

如果没有一位对世界经济如此关心的妈妈，也就不会有现在的我了。

场景二——我想成为一个可以赚很多钱的人！

记得上小学时，大人们常问我："你长大以后想要做什么呀？"

我通常会回答："我想成为一个可以赚很多钱的人！"

这时，大人们会大笑起来。我当时太小，不明白大人们为什么笑。等稍微长大一些，对各种职业有所了解后，我会回答自己想成为一名投资家。

为什么我从小对金钱这么感兴趣呢？这主要归因于酷爱读经济报纸和经济书籍的妈妈潜移默化的影响。

虽然我很小就梦想赚很多钱，但也许是受宗教（我从小就去天主教会）的影响吧，我从没想过要为自己花很多的钱，而是想利用金钱去做一些善事。金钱确实很重要，要想成为改变世界、创造美好生活的精英，你无法脱离金钱这个基本条件。而我下定决心学习金钱的运转和经济理念，也正是因为我想要运用金钱去做有益于社会的善事。

现在，我在金融公司工作。对于想把握资本主义体系核心的我来说，这真是一件幸事。

场景三——你的理想是什么呀？

在我的印象中，自稍微懂事以后，除了父母之外，就很

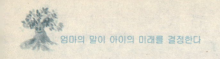

少有人问及我的理想了。

特别是升入国中以后，在学校里人们似乎只知道念书，根本没有谈论理想的机会。虽然每个人都盼望考上好的大学，但那果真是理想吗？

但是15岁第一次在英国读书时，老师们便问："你的理想是什么呀？"而且往后在英国上中学、大学，直至参加竞聘面试时，这个问题经常首先被问及。

记得到英国没多久，我就和老师们深入地探讨了长大后想做什么，对哪一领域感兴趣。

在莱顿公园中学与老师商谈了我将来的出路后，我便有了去我所关注的领域内实习的机会。当时对时尚关注的孩子就去时装公司，想成为医生的孩子就去医院工作。而我因为对经济比较感兴趣，所以就被派去当地一家银行实习。

那时，我给一位基金经理做助理。通过和他对话和亲身体验，我发现自己越来越希望做这样的工作。

实习结束返回学校后，我便更清楚了自己为了什么来念书，应该学习些什么了。上大学之后我想主攻经济，于是就选择了经济学和数学，并且比以前更加刻苦。

其实，能够坦率地探讨自己的理想并且能够获得相应的实习机会，的确是一件非常幸运的事情。

场景四——在某次面试现场

"进入我们大学，你可以受到最好的教育。既然能受到如此好的教育，进入社会后你想做什么呢？”

“我想成为一名投资金融家，赚很多钱，获得成功并让自己的名字出现在《财富》之类的杂志上。”

“很好，但是你为什么那么想成功呢？为什么想赚钱呢？”

“啊，这是因为……”

虽然当时我已经面试过很多次，但是被卡住还是第一次。

一看到我回答不上来，面试官就很自然地转到下一个问题。但是对于没有回答上问题的我来说，这让我感到十分惭愧。

这是从拉格比高中毕业，参加剑桥大学三一学院面试时的事。不知道是不是因为这个问题没有答上来的缘故，我最终没有收到剑桥大学的录取通知书。但是我还是很感谢那天的问题，因为它带给我很多思考的机会。

我为什么要成功？成功的目的是什么？这个问题在我心中盘旋了好久。

从小就常常听父母说，即使成功了也要谦虚，赚了钱之后要做有益的事。但是直到现在，如果我真正去思考一下的话，就会明白仅仅依靠信念无法实现这一梦想。一直以来，我只想实现自己的目标，却没有想一下实现目标以后要做什么。

但是我很庆幸自己当时还小，能面对这样有意义的问题，并对这个问题进行思考。因为从那天以后，我对待金钱和成功的视角开始发生变化。

场景五——在去福利院的车内

现在，我一边读着研究生，一边在一家叫"BGC"的国际金融公司英国分公司中工作，往来于欧洲和亚洲之间。

我的工作是根据投资者的要求，直接进行资金运转的交易。最小的金额一次也有 500 万美元，而通常金额会达到数亿美元。

与年龄相比，我的收入不算少。我用第一个月的工资，对父母尽了一点孝心。但是我开始赚钱后，父母却有了新的担心。

不久之前，我到韩国出差。因为工作太忙，我和父母在一起的时间很少。行程一结束，我就马上去了首尔的家，但父母却一定要我去一次福利院。

福利院是那些经济上不宽裕或者身体上有缺陷的人居住的地方，从国中开始，我就常在那里做义务劳动。

在去福利院的路上，父母对我说了这样的话：

"既然你现在已经开始赚钱了，那么你就会经常遇到富人。如果长久这样生活下去，你往往就会陷入一种浮躁的状态，所以你要更加谦虚。"

"去福利院听听修女们的谈话，做做义务劳动，它们会使你心神安定。"

所以我和父母一起去福利院问候那里的人们，并做了一些力所能及的事情。

由于工作繁忙，我只是被动地跟着父母去。但是去了之后，我却感到自己未来的人生道路越来越清晰，也明白了年纪轻轻就接触巨额资金的流动，为什么离自己目标越来越近时，应该更加谦虚和慎重，也了解了为什么父母对我总是不放心了。

场景六——未来的我

我设想过 10 年后，我 35 岁时的样子。我设想自己会成为一个可以指点股市的大人物，并且名字出现在《华尔街日报》上。

为了实现这个目标，这期间我要做的事情很多。首先 3 年内，我要成为我所工作的领域中的精英人才，然后我要开创一家属于自己的公司。40 岁左右，我应该操纵市场……

妈妈喜欢和我谈论一些关于我小时候的理想的事情，她一直支持和鼓励我朝着自己的目标前进。正因为她的支持和鼓励，我从小就一直在为实现自己的理想而坚持不懈地努力。

现在，我有了全新的梦想：让全世界的妇女和儿童不受歧视，健康快乐地生活；让野生动物无忧无虑地生存……而这些仅靠经济原理是无法解决的，只有心怀梦想，才有实现的可能。

拥有自己的理想并实现它，这是我从父母那里得到的最珍贵的财产，也是我未来人生中最重要的力量源泉。

幸福家庭=

名誉会长爸爸+家庭CEO妈妈+部门主管孩子

当好孩子的妈妈有条件

家庭是充满了爱和信任的血缘团体，但张炳惠博士认为家庭也需要像企业一样经营，维持家庭的幸福需要讲求"经营原则"与"战略"，而最适合担任家庭CEO的人选莫过于每一位伟大的妈妈。妈妈担任家庭CEO，绝不是为了使用CEO的最高权力，而是为了引导所有家庭成员共同参与经营活动，使每个人尽到自身的义务和责任，从而建构一个幸福的家庭。

筑幸福家庭爸爸要参与

如果你立志成为伟大的妈妈，那么在你的眼里，丈夫就不该再是当初恋爱时的那个男人，而是一名孩子的爸爸，是与你一起齐心协力守护这个家庭的管理者。如果真正要培养好孩子，首先就该为孩子营造一个温暖的家，爸爸妈妈应该共同为孩子缔造完整的家庭归属感，并一起为孩子的健康成长努力！

妈妈掌舵，爸爸当关，幸福家庭由此起航！

孩子的成长离不开妈妈，也离不开爸爸。妈妈的智慧在养育中成长，智慧的妈妈也会让全家快乐成长！

《父母必读》杂志主编 徐 凡

对于孩子的成长，作为新妈妈的我快乐并烦恼着。这本书从CEO的角度分析了做个好妈妈的秘诀，很有意思，特别适合白领妈妈阅读。做好工作的同时经营好家庭，原来这两者异曲同工。

天涯社区首席营销官 于立娟

很幸运拿到张炳惠博士的新作《好孩子的成功99%靠父母》，这本书将告诉更多的中国妈妈们，妈妈在家庭中有多么重要；而怎样成为一位成功的妈妈，此书也提供了可操作性的建议。

红孩子社区

让教养变成你和孩子的一种快乐体验

〔美〕肯·布兰佳　萨德·拉辛纳克
查克·汤普金斯　吉姆·巴拉德　　著
　　　　　　刘祥亚　徐扬　译

重庆出版社
出　品：中资海派
定　价：22.80元

每一个孩子都是父母眼中的宝贝，纯真无瑕如一张白纸。但是随着时间的推移，有些孩子越来越出类拔萃，有些却成为父母眼中的"捣蛋鬼"。虎鲸是海洋中最庞大、最凶猛的食肉动物之一，但它们却愿意听从驯鲸师指挥，为观众表演节目。驯鲸师究竟是怎么做到的呢？在海洋世界里，教育鲸鱼的基础是"尊重"，它强调交流和赞美而不是服从与惩罚。正在接受培训的驯鲸师艾米把鲸鱼教育法运用到自己孩子身上时，发现孩子发生了巨大变化：他开始能按时上床睡觉、不再挑食、学会分享、学会照顾小动物等。

放大孩子的积极面，
你需要做的就是放大，放大，再放大！

如果你能控制好自己的情绪，就能养出有自主性的孩子

〔美〕哈尔·爱德华·朗克尔　著
　　　　　　陈玉娥　译

重庆出版社
出　品：中资海派
定　价：22.80元

"不要逼我发火！"
"你怎么就是不听我的话！"
"我已经跟你说过多少次了！"

曾经吼过孩子的父母，请注意：很抱歉，责骂孩子是没有用的。

你得学会让自己冷静，控制好自己。如果能把精力放在控制自己的行为上，而不是控制孩子的行为，得到的结果会出乎意料地好。

《零吼叫养出100%的好孩子》主张教养的关键"不在孩子，而在父母"。这是一本理念创新的教养指南，适合各种年龄段孩子的父母。这本书的内容能减低你教养孩子的焦虑与压力，让你的家庭更和谐，帮你教养出100%的好孩子。

听听孩子的心声：
爸爸妈妈，请不要对我"吼叫"！

《好孩子的成长 99% 靠妈妈》的姊妹篇
韩国"家教第一书"

〔韩〕张炳惠 著
宁 莉 译

重庆出版社
出 品：中资海派
定 价：22.00元

当我们的妈妈们仍在为孩子的成绩斤斤计较，为没有获得第一名而责备孩子时，韩国"第一妈妈"张炳惠博士却说，在孩子的成长过程中，成绩或名次并不代表一切。张炳惠博士说，能够带领孩子迈向成功彼岸的，是九种从日常生活中培养出来的基本能力。一旦拥有这九大基本能力，孩子的学业成绩没问题，人际关系没问题，情绪管理没问题，自我管理没问题……在十年二十年之后，到了社会上，更能成为孩子迈向成功的绝佳武器。

让孩子茁壮成长的力量 = 孩子应具备的九种基本能力 + 父母们的七种智慧 + 三十个 SOS 的教育处方

**只要妈妈 1% 的改变，
孩子的成绩将会突飞猛进！**

爸爸妈妈们，请改变和孩子"随意对话"的习惯吧

〔日〕小紫真由美 著
〔韩〕郑久美 绘
蔡福淑 译

重庆出版社
出 品：中资海派
定 价：25.00元

"吃饭怎么总是这么磨磨蹭蹭的？""男子汉还哭鼻子丢不丢人？""为什么不想去上学？"……日常生活中，爸爸妈妈总是在和孩子进行"随意性对话"。其实，孩子做出的每个举动、说出的每句话背后都有自己的真实感受和想法：

孩子最看重的是父母对自己的爱和尊重

"你吃得这么慢，妈妈都没法收拾了。以后吃得再快一点好吗？"——引导式对话让孩子更容易体会妈妈对他们的爱和尊重。

孩子需要表扬，更需要肯定

"不要不开心了，虽然你不太擅长这个，但你还有很多其他优点啊。比如，书读得很多，还认识连爸爸都不认得的汉字。"——引导式对话让妈妈在不经意间帮孩子树立自信心，让他们更加自信。

外婆妈妈李元宁教授献给年轻父母的育儿圣经

回首往事，我们感到最成功和最得意的事情就是：我们为这个世界留下了健康优秀的儿女，而不是自己的名字。

作者为父母普遍关心与担忧的问题提供了科学而有效的解决办法。如：

◆ 怎样哄孩子停止哭闹
◆ 如何断奶更有利于宝宝
◆ 怎样对待不爱吃饭的孩子
◆ 如何让孩子学会自理大小便
◆ 为什么要多抚摸孩子
◆ 怎样惩罚孩子最有效
◆ 幼儿时期的英语教育是必需的吗
◆ 如何培养孩子阅读的兴趣
◆ 孩子沉迷于电视怎么办
◆ 如何科学地进行性启蒙教育
……

〔韩〕李元宁 著
洗贤京 绘
蔡福淑·译
重庆出版社
出 品：中资海派
定 价：26.80 元

李元宁教授以深入浅出的理论、真实而丰富的案例、活泼而生动的插图，为缺乏自信和经验的年轻父母们提供了全方位的育儿指导。

打造和谐家庭的实用宝典

容颜易老　IQ常新

只要你默念咒语"IQ开门"，再翻开这本书，你就能找到提升IQ的宝藏

36 年家庭合作实战经验
34 个提高学习潜能经典案例
13 个提升IQ速成窍门
13 套IQ自测题
5 种神奇呼吸法

〔美〕弗兰克·劳利斯博士 著
周 鹰 曾筱岚 译
重庆出版社
出 品：中资海派
定 价：29.80 元

用简单易行的方法，为解决儿童多动症、注意力不集中、青春期叛逆、失眠、焦虑和情绪不稳等问题提出了效果卓著的大脑处方。

用大量的事实对提升智商的理论成果，如大脑整合排毒法、情绪营养战略和神经治疗补充剂等予以科学证实。

用独特的视角，如蓝光唤醒、咀嚼口香糖和电子鼓乐等去挑战传统概念，告诉你：大脑潜力无限，智商可以改变。

短信查询正版图书及中奖办法

A. 电话查询
1. 揭开防伪标签获取密码，用手机或座机拨打4006608315；
2. 听到语音提示后，输入标识物上的20位密码；
3. 语言提示：您所购买的产品是中资海派商务管理（深圳）有限公司出品的正版图书。

B. 手机短信查询方法（移动收费0.2元/次，联通收费0.3元/次）
1. 揭开防伪标签，露出标签下20位密码，输入标识物上的20位密码，确认发送；
2. 发送到958879(8)08，得到版权信息。

C. 互联网查询方法
1. 揭开防伪标签，露出标签下20位密码；
2. 登录www.Nb315.com；
3. 进入"查询服务""防伪标查询"；
4. 输入20位密码，得到版权信息。

中奖者请将20位密码以及中奖人姓名、身份证号码、电话、收件人地址和邮编E-mail至
szmiss@126.com，或传真至0755-25970309。

一等奖：168.00元人民币(现金)；
二等奖：图书一册；
三等奖：本公司图书6折优惠邮购资格。
再次谢谢您惠顾本公司产品。本活动解释权归本公司所有。

读者服务信箱

感谢的话

谢谢您购买本书！顺便提醒您如何使用ihappy书系：
◆ 全书先看一遍，对全书的内容留下概念。
◆ 再看第二遍，用寻宝的方式，选择您关心的章节仔细地阅读，将"法宝"谨记于心。
◆ 将书中的方法与您现有的工作、生活作比较，再融合您的经验，理出您最适用的方法。
◆ 新方法的导入使用要有决心，事前做好计划和准备。
◆ 经常查阅本书，并与您的生活、工作相结合，自然有机会成为一个"成功者"。

		订阅人		部　门		单位名称		
优 **惠** **订** **购**		地　址						
		电　话				传　真		
		电子邮箱			公司网址		邮　编	
	订购书目							
	付款方式	邮局汇款	中资海派商务管理（深圳）有限公司 中国深圳银湖路中国脑库A栋四楼　　　　　邮编：518029					
		银行电汇或转账	户　名：中资海派商务管理（深圳）有限公司 开户行：招行深圳科苑支行 账　号：81 5781 4257 1000 1 交行太平洋卡户名：桂林　　　卡号：6014 2836 3110 4770 8					
	附注	1. 请将订阅单连同汇款单影印件传真或邮寄，以凭办理。 2. 订阅单请用正楷填写清楚，以便以最快方式送达。 3. 咨询热线：0755-25970306转168、158　　传　真：0755-25970309 E-mail: szmiss@126.com						

→利用本订购单订购一律享受9折特价优惠。
→团购30本以上8.5折优惠。